AF356993

LETTRES ANGLOISES.

TOME CINQUIÉME.

PREMIERE PARTIE.

LETTRES

ANGLOISES,

OU

HISTOIRE

DE MISS

CLARISSE HARLOVE.

TOME CINQUIÉME.

PREMIERE PARTIE.

A LONDRES,

Chez NOURSE, Libraire, dans
le Strand.

M. DCCLI.

HISTOIRE
DE
CLARISSE
HARLOVE.
TOME CINQUIEME.
PREMIERE PARTIE.

LETTRE CLXXXXVIII.

M. LOVELACE, à M. BELFORD.

L eſt tems de t'avouer, quoique tes conjectures aient peut-être précédé mes explications, que ce Capitaine Tomlinſon, qui a fait tant de progrès dans les bonnes graces de ma Charmante, & qui prend tant de plaiſir à réconcilier les cœurs diviſés, n'eſt autre que l'hon-

nête *Patrice Macdonald*, suivi d'un valet hors de condition, qu'il avoit loué pour un jour. Tu sais de quelle variété d'avantures sa vie est composée, quoique sa naissance & son éducation eussent donné de lui de meilleures espérances. Mais les ingenieuses friponneries, qui l'ont fait chasser de l'Université de Dublin, sont devenues la source de sa ruine. Après lui avoir fait quitter son païs, elles l'ont engagé dans un train de vie qui le rendroit très-propre à se lier par le mariage avec la Madame Towsend de Miss Howe, pour l'aider dans sa contrebande. Tu connois ses admirables qualités, pour toutes les entreprises qui demandent beaucoup d'adresse avec un air imposant. Crois tu qu'il y ait rien de plus juste au monde que d'emploier un Contrebandier contre un autre ?

Ta curiosité va te faire demander comment j'ai pû hazarder une invention de cette nature, lorsque je n'ignore pas, comme je te l'ai dit, que la belle Clarisse passoit souvent un mois entier chez son oncle, & que par consequent elle devoit savoir qu'il n'y a personne dans le voisinage, du moins des amis particulier de Jules Harlove, qui se nomme le Capitaine Tomlinson ?

Cette objection est si naturelle, Belford, que je n'ai pû manquer de faire observer à ma Charmante, qu'elle devoit avoir entendu parler de cet ami de son oncle. Elle m'a répondu qu'elle ne s'en souvenoit pas ; que depuis près de dix mois elle n'avoit pas été chez son oncle Jules, (au fond, c'est ce que je lui avois entendu dire auparavant) & qu'il se trouvoit au jeu de boules d'autres personnes qu'elle ne connoissoit pas. D'ailleurs notre penchant ne nous porte-t'il pas à croire ce qui nous flatte ?

Mais tu me demanderas encore s'il n'est pas à craindre que Miss Howe ne prenne des informations, & que ne trouvant point..... Je t'entens. Ma reponse, c'est que Wilson, si je le desire, ne fera pas difficulté de mettre entre mes mains toutes les lettres qu'il recevra par celles de Collins ; & j'espère à présent qu'il ne te restera plus de scrupule.

Enfin, Belford, je suis sur d'avoir causé plus de joie à ma charmante qu'elle ne s'attendoit d'en avoir si tôt, & comme elle n'ignore pas que la vie humaine est un mélange de bien & de mal, il ne faut pas douter qu'une fille si prudente n'entende l'art des compensations, pour tenir la balance dans un juste équilibre.

(Miss Clarisse communique à son amie, dans trois differentes lettres, les principaux incidens & les conversations qu'on vient de lire dans celles de M. Lovelace. Voici ses idées sur la commission du Capitaine Tomlinson, après les allarmes qu'elle avoit eues de ses prémieres recherches.)

» Heureusement, ma chere, toutes
» ces défiances & ces craintes ont été
» dissipées, par un évenement qui ne me
» laisse à leur place qu'une délicieuse
» perspective. Il se trouve que cet Of-
» ficier m'étoit envoié par mon oncle
» (je m'étois bien imaginé qu'il ne
» pouvoit être faché pour toujours),
» & que tout est venu de l'entretien que
» le cher M. Hickman s'est procuré avec
» lui. Quoique la visite de M. Hickman
» n'ait pas été reçue trop favorablement,
» mon oncle n'aura pû s'empécher d'y
» faire plus de reflexion ; & les argu-
» mens qu'il avoit rejettés dabord, lui
» seront revenus avec plus de force.
» Un refus passioné doit-il jamais faire
» déséspérer du succès d'une demande
» raisonnable ?

Elle représente le Capitaine Tomlinson, pendant le déjeuner qu'il a fait
avec elle, » comme un homme grave

» & d'un excellent caractère : d'une
» fort belle phisionomie, dit-elle dans
» un autre endroit ; âgé d'environ
» cinquante ans. Elle ajoute, qu'elle a
» pris du goût pour lui à la premiére
» vûe.

Comme l'avenir lui présente des apparences plus favorables que jamais, elle croit aussi que l'espérance de la reformation de M. Lovelace est mieux fondée qu'elle n'avoit encore osé s'en flatter.

» Nous avons eu, continue-t'elle,
» beaucoup d'embarras à concilier
» quelques parties du caractère de M.
» Lovelace avec d'autres, c'est-à-dire,
» les bonnes qualités avec les mauvaises;
» par exemple, sa bonté pour ses Fer-
» miers, sa générosité pour la petite fi le
» de l'Hôtellerie, son empressement à
» m'offrir la compagnie de ma bonne
» Norton, & plusieurs autres traits.
» Mêlange inexplicable, lui ai-je dit
» quelquefois à lui-même; car il est
» certain, qu'il a le cœur dur, comme
» j'ai eu raison de lui en faire un repro-
» che en me rappellant sa conduite
» avec moi dans vingt occasions. En
» verité, ma chere, j'ai pensé plus
» d'une fois qu'il prend plus de plaisir à

» me voir en pleurs , qu'à me donner
» sujet d'être contente de lui. M. Mor-
» den me disoit dans sa lettre , que les
» libertins ne connoissent point de re-
» mords. Je trouve la verité de cette
» reflexion dans la nature même de leur
» caractère.

» M. Lovelace est un homme fier.
» C'est une observation que nous
» avons faite il y a longtems. Je crains
» de bonne foi que sa générosité même
» ne vienne plûtot de sa fierté & de son
» orgueil , que d'un veritable amour
» pour les créatures de son espèce ; sen-
» timent qui distingue les ames bien-
» faisantes. Il ne fait cas des richesses ,
» qu'autant qu'elles peuvent servir à
» soutenir sa fierté & son indépendance.
» J'ai souvent pensé qu'il est aisé de
» soumettre une passion du second or-
» dre , à la satisfaction d'une passion do-
» minante.

» La source du mal ne seroit- elle pas
» quelque défaut dans son éducation ?
» Je m'imagine qu'on ne s'est point assez
» attaché à connoître le fond naturel de
» ses inclinations. Dans l'opulence où
» il est né , on l'a peut-être instruit à
» faire des actions généreuses ; mais
» je doute qu'on lui en ait fait sentir les

» vrais motifs. Autrement sa générosité
» n'auroit pas les mêmes bornes que son
» orgueil. L'humanité en seroit le prin-
» cipe : il ne se contenteroit pas de
» faire des choses louables, comme par
» accès, ou comme si se reposant sur la
» doctrine des *actions meritoires*, il croioit
» que l'exercice d'une vertu est une
» expiation suffisante pour un vice.
» Il seroit noble avec plus d'uniformité,
» & porté au bien pour l'amour du bien
» même.

» Ah ma chere ! quel est mon par-
» tage ! Un homme dont la vertu con-
» siste dans son orgueil, & dont la se-
» conde passion dominante est la van-
» geance ! Il me reste néanmoins une
» consolation : ce n'est pas un infidele,
» un incredule. S'il étoit de cette
» malheureuse classe, il faudroit désef-
» pérer de lui. Faisant gloire de ses
» fertiles inventions, ce seroit un hom-
» me abandonné, incapable de retour ;
» un Sauvage.

A l'occasion des circonstances où M.
Lovelace confesse à son ami, qu'il s'est
senti vivement touché, elle s'exprime
dans ces termes.

» Il s'est efforcé, comme il l'avoit
» fait une autre fois, de me cacher

» son émotion. Mais pourquoi, ma
» chere , la plupart de ces hommes
» (car M. Lovelace n'eſt pas le ſeul)
» croient-ils que ces belles marques
» d'un cœur ſenſible ſoient au-deſſous
» d'eux ? Si je me retrouvois libre de
» choiſir ou de refuſer , je rejetterois
» avec mépris ceux qui combattent ou
» qui déſavouent le pouvoir naturel d'ê-
» tre affectés par cequi a droit de tou-
» cher le cœur , comme des monſtres fé-
» roces , qui ignorent la principale gloi-
» re de la nature humaine, juſqu'à la met-
» tre dans une barbare inſenſibilité.

Elle remarque , à l'avantage de ſes
hôteſſes , qu'un auſſi honnête homme
que le Capitaine Tomlinſon a parlé
d'elles en termes honorables , après s'être
informé de leur caractère.

LETTRE CLXXXXIX.

M. LOVELACE, à M. BELFORD.

Mardi, 30. de Mai.

J'ai reçu de Milord M..... une lettre aussi favorable que je pourrois la souhaiter, si j'étois déterminé au mariage : mais, dans les circonstances où nous sommes, je ne puis la faire voir à ma Belle.

Milord regrete » de ne pas lui servir » de Pere à la cérémonie. De quelques » couleurs que j'aie revêtu mes raisons, » il paroît craindre que je ne roule dans » ma tête quelque mauvais dessein. » Non-seulement, il desire que mon » mariage ne soit pas differé ; mais ap- » prenant, dit-il, que Miss Harlove » n'est pas sans défiance, il m'offre » l'une ou l'autre de mes deux cousines, » ou toutes deux ensembles, pour sou- » tenir son courage. Pritchard a reçu » ses derniers ordres sur la rente perpé- » tuelle de mille livres sterling, dont » je recevrai l'acte au même instant

» que ma femme aura reconnu notre
» mariage. Il confent que la dot foit
» affignée fur mon propre bien. Il eft
» faché que Mifs Harlove n'ait pas ac-
» cepté fon billet de banque , & il me
» reproche de ne l'avoir pas gardé moi-
» même par un fentiment de fierté. *Ce
que le côté droit néglige , dit-il , peut tourner
à l'avantage du côté gauche.* Il parle apparemment de mes deux confines. De
tout mon cœur. Si je puis obtenir Mifs
Clariffe Harlove ; que le diable emporte
tout le refte. Le ftupide Pair s'étend fort
au long dans le même goût. Une douzaine de lignes ne lui coutent rien , pour
avoir l'occafion de placer un vieux proverbe.

Si tu me demandes comment je me
tirerai d'embarras , lorfque ma Charmante paroîtra furprife que Milord ne
reponde point à ma lettre , je t'aprens
que je puis être informé par Pitchard ,
que la goûte a pris Milord à la main
droite , & qu'il lui a donné ordre de me
voir perfonnellement pour recevoir les
miens fur le tranfport de la rente. Je puis
voir Pritchard dans le premier endroit
de la Ville qu'il me plaira de nommer ,
& tenir de fa propre bouche les articles
de la lettre de Milord dont il convient

que ma Belle foit informée. Enfuite il dépendra de moi de rendre, fuivant l'occafion, l'ufage de fa main droite au vieux Pair, qui pourra m'écrire alors une lettre un peu plus fenfée que la dernière.

Notre bonheur ne fait qu'augmenter. On m'a fait la plus grande faveur du monde. Au lieu d'une Berline, pour la promenade, on m'a permis de prendre un caroffe à deux. Notre entretien, dans cette agréable partie, a tourné fur notre manière de vie future. Le jour eft promis, quoi qu'avec un peu de confufion. A mes inftances repetées, on a repondu qu'il ne feroit pas éloigné. Nos équipages, nos domeftiques, notre livrée, ont fait partie de ce délicieux fujet. On a fouhaité que le Miférable, qui m'a fervi d'efpion dans la famille, l'honnête Jofeph Leman, ne fut pas reçu dans notre maifon; & que retablie ou non, la fidelle Hannah fut appellée. J'ai confenti, fans objection, à ces deux articles.

A vj

Nous avons raiſonné ſur les eſpérances de reconciliation. Si ſon oncle Harlove ouvroit ſeulement le chemin , & ſi
l'affaire étoit entâmée , elle ſe croiroit
heureuſe : heureuſe , a-t'elle repris avec
un ſoupir , autant du moins qu'elle peut
eſperer de l'être à préſent ! Elle y revient
toujours , Belford.

Je lui ai dit , qu'au moment de notre
départ j'avois reçu des nouvelles de
l'homme d'affaires de mon oncle, & que
je l'attendois demain à Londres , de la
part de ſon Maître. J'ai parlé avec
reconnoiſſance , de la bonté de Milord ;
& , avec plaiſir , de la véneration dont
mes tantes & mes couſines ſont remplies
pour elle ; ſans oublier le chagrin que Milord reſſent , de n'avoir pû répondre de ſa
propre main à ma dernière lettre.

Elle a plaint Milord. Elle a plaint auſſi
la pauvre Madame Fretchvill ; car dans
l'abondance de ſa bonté , elle n'a pas
manqué de me demander de ſes nouvelles. La chere perſonne s'eſt abandonnée
à la pitié , pour tout ce qui en merite.
Heureuſe à préſent dans ſes propres vûes,
elle a le tems de promener ſes yeux autour d'elle , & de s'occuper du bonheur
de tout le monde.

Il y avoit beaucoup d'apparence , ai-je répondu, que Madame Fretchvill demeureroit fort maltraitée. Son visage, dont elle s'étoit glorifiée, étoit ménacé de conserver de facheuses marques. Cependant, ai-je ajouté, elle aura quelque avantage à tirer de ce triste accident. Comme le plus grand mal absorbe toujours les petits, la perte de sa beauté peut lui causer une douleur qui sera capable de diminuer l'autre, & de la rendre supportable.

On m'a fait une douce reprimande, du tour badin que je donnois à des malheurs si serieux : car quelle comparaison entre la perte de la beauté & celle d'un bon mari ? Excellente fille !

Elle m'a parlé aussi de l'espérance qu'elle a de se réconcilier avec la mere de Miss Howe, & de la satisfaction qu'elle y trouve d'avance. La bonne Madame Howe ! c'est l'expression dont elle s'est servie, pour une femme si avare, & si deshonorée par son avarice, que nulle autre au monde ne la nommeroit bonne. Mais cette chere fille donne tant d'étendue à ses affections, qu'elle seroit capable d'en avoir pour le plus vil animal qui appartiendroit à ceux qu'elle respecte. *Qui m'aime, aime mon chien ;* me souviens-je d'avoir entendu dire à Milord

M..... Qui fait fi quelque jour, par complaifance pour moi, elle ne fe laif-fera pas conduire à prendre bonne opi-nion de toi, Belford ?

Mais à quoi ma folle imagination s'ar-rête ! N'eft-ce pas pour tenir mon cœur en bride ? Je reconnois que je n'ai pas d'autre vûe, par les remords dont je le fens picqué, tandis que ma plume rend témoignage à l'excellence de ma chere Clariffe. Cependant je dois ajouter, fans qu'aucune confideration d'interêt propre m'empêche jamais de rendre juf-tice à cette admirable perfonne, que par la prudence & les lumières que je lui ai trouvées dans notre converfation, elle m'a convaincu qu'à fon âge, il n'y a pas de femme au monde qui l'égale.

Je m'interoms moi - même, pour re-lire quelques-unes des lettres empeftées de Mifs Howe.

Maudites lettres, Belford, que celles de cette Mifs Howe ! Relis, relis toi-même celles dès miennes où je t'en ai fait l'extrait. Mais je continue mon recit.

A tout prendre, ma Charmante n'a refpiré que douceur, complaifance, fe-

renité , dans cette délicieuse promenade.
Auffi ne lui ai-je pas donné fujet de marquer d'autres fentimens. Comme c'eft la
premiére fois que j'ai eu l'honneur de
me promener feul avec elle , j'étois ré-
folu de l'encourager, par mon refpect, à
m'accorder librement la même faveur.

A notre retour , j'ai trouvé le Secre-
taire du Confeiller Williams , qui m'attendoit avec la minute du contrat : les
articles ne font proprement qu'une copie du contrat de ma mere , avec les
changemens neceffaires. L'original
m'étant renvoié en même tems par le
Confeiller , je l'ai mis entre les mains
de ma Belle. Cette piéce n'a fervi qu'à
faciliter l'ouvrage. C'eft un bon modele ,
puifqu'il a été dreffé par le célébre Milord S....., à la priére des parens de
ma mere ; & l'unique differnce , entre
les deux contracts , confifte dans cent
livres fterling de plus , que j'ajoute à la
penfion annuelle.

J'ai offert à ma Charmante de lui faire
la lecture du vieil acte , tandis qu'elle
jetteroit les yeux fur le nouveau. Mais
elle s'en eft excufée ; comme elle avoit
refufée d'être préfente , lorfque j'avois
collationé ces deux actes avec le Secre-
taire. Je fuppofe qu'elle ne s'eft pas fou-

ciée d'entendre parler de tant d'enfans ;
le premier , le second, le troisième ,
le quatriéme & cinquiéme fils, &c. &
d'autant de filles , qui doivent sortir de
ladite Clarisse Harlove. Charmans dé-
tails ! quoiqu'ils soient toujours accompagnés du mot de *legitime* ; comme s'il
pouvoit arriver qu'un mari eût de sa
femme des enfans qui ne fussent pas
legitimes. Mais crois-tu que par-là ,
ces archi-fripons de gens de robbe n'aient
pas en vûe d'insinuer , qu'un homme
peut devenir pere avant le mariage ?
C'est apparemment leur intention. Pourquoi ces gens-là font ils naître des idées
de cette nature dans l'esprit d'un honnête
homme ? Cet exemple, comme une in-
finité d'autres , nous montre que la Ju-
risprudence & l'Evangile sont deux
choses differentes.

Dans notre absence , Dorcas s'est
efforcée de parvenir à la cassette du
cabinet. Mais elle ne l'auroit pû sans
violence ; & s'exposer par un motif de
curiosité pure à des dangers de cette con-
sequence , ce seroit manquer de discretion.

Madame Sinclair & les Nimphes sont
toutes d'avis que je suis à présent si bien
dans l'esprit de ma Belle , & que j'ai si

viſiblement part à ſa confiance & même
à ſon affection , que je puis entreprendre
ce que je veux ; au riſque d'apporter
la violence de ma paſſion pour excuſe.
Pourquoi non ? diſent-elles. N'a-t'elle
pas paſſé pour ma femme aux yeux de
toute la maiſon ? & le chemin de la reconciliation avec ſes amis , n'eſt-il pas
ouvert ? prétexte qui a retardé la con-
ſommation. Elles me preſſent auſſi de
tenter mon entrepriſe pendant le jour ,
puiſqu'il eſt ſi difficile de mettre la nuit
dans mes intérêts. Elles me repréſentent
que la ſituation de notre logement ne
doit pas me faire apprehender que les
cris ſoient entendus dehors. Je n'ai pas
toujours été ſi timide , m'a dit effronte-
ment Sally , en me jettant ſon mouchoir
au viſage.

LETTRE CC.

M. LOVELACE, à M. BELFORD.

Vendredi, 2 de Juin.

MAlgré ma politesse & mes complaisances étudiées, & quoique jusqu'à présent j'aie manqué de courage pour lever le masque, il m'est arrivé plus d'une fois, depuis quelques jours, d'obliger ma Charmante à regarder autour d'elle, par les ardens témoignages de ma passion. Je l'ai reduite à confesser que je ne lui suis rien moins qu'indifferent. Mais, lorsque je l'ai pressée de reconnoître de l'amour, quel besoin de cet aveu, m'a t'elle dit, de la part d'une femme qui consent à se marier ? & me repoussant une fois avec chagrin, elle m'a prié de faire attention que la preuve du veritable amour étoit le respect. J'ai entrepris de me defendre : elle m'a repondu que l'idée qu'elle avoit été capable de se former d'une passion vicieuse, ressembloit à ce que je lui faisois voir de la mienne.

Je ne me suis pas moins efforcé de juf-
tifier mes fentimens , en l'accufant elle-
même d'un excès de délicateffe. Ce n'é-
toit pas mon défaut, ma'-t'elle repliqué ,
fi c'étoit le fien. Là-deffus, elle m'a
reproché quelques libertés innocentes,
que je me fuis cru en droit de prendre
aux yeux de nos hôteffes , parce qu'elles
nous fuppofent mariés. J'ai fouffert affez
impatiemment cette leçon ; & j'ai fouhaité de voir arriver l'heureux jour , où
je n'aurois plus à combattre une referve
qui n'a jamais eu d'exemple.

Elle m'a regardé avec une forte de
confufion , qui m'a paru accompagné
d'un air de mépris. Je lui en ai demandé
la raifon , lorfque je n'avois aucune offenfe à me reprocher. Ce n'eft pas la
premiére fois , m'a-t'elle répondu , que
j'ai eu fujet de me plaindre de vous ,
tandis que vous vous êtes crû peut-être
au-deffus des reproches. Mais je vous
déclare qu'à mes yeux l'état du mariage
eft un état de pureté. Je ne fais fi elle ne
m'a pas dit , n'eft pas *un état de licence.*
C'eft du moins ce que j'ai cru recueillir
de fes expreffions.

La pureté du mariage , Belford ! Rien
de fi comique. Sexe délicat ! Cependant la moitié du monde femelle eft

prête à s'enfuir avec un libertin, sans
autre raison que parce qu'il est un libertin ; & souvent avec toutes sortes de raisons contre leur choix. Toi & moi,
n'avons-nous pas vû de jeunes femmes,
qui vouloient passer pour modestes, &
qui auroient été d'une reserve infinie
dans l'état de filles, permettre en public,
à leurs avides maris, des libertés qui
faisoient craindre qu'elles n'eussent oublié tous les devoirs de la prudence &
de la modestie ? tandis que tous les spectateurs modestes tenoient les yeux baissés
& rougissoient pour ceux qui n'étoient
pas capables de rougir. Un jour, dans
une occasion de cette nature, je proposai
à une douzaine de personnes, qui composoient l'assemblée, de laisser le champ
libre ; parce que tout le monde devoit
s'appercevoir que la Dame, comme le
Mari, souhaitoit de demeurer tête à tête.
Ce langage produisit son effet sur l'amoureux couple, & je fus applaudi d'avoir mis une barrière au désordre.

Tu peux conclure que j'approuve les
idées de ma Charmante sur les amours
publics. C'est le seul frein, je m'imagine,
qu'elle veut m'imposer par ceque'elle
nomme la pureté du mariage.

Recueille de tout ce que tu viens de

lire , que je n'ai pas perdu mon tems ,
& que ces derniers jours je n'ai pas été un
benais , un Hickman ; quoique moins
actif peut-être qu'il ne convient à Lovelace.

La chere personne se considére à présent comme ma femme choisie. Son
cœur, délivré de la tristesse, cessera d'être
prude , & ne donnera plus d'interpréta-
tion lugubre à chaque action de l'homme
qu'il ne hait point. Cependant elle doit
garder assez de reserve pour justifier son
inflexibilité passée. Combien de jolies
personnes se défendroient mal , sans la
crainte qu'elles ont de donner mauvaise
opinion d'elles à l'homme qu'elles vou-
droient favoriser ? C'est encore un article
du simbole des libertins. Mais de quelque
ressentiment qu'elle soit capable , elle ne
peut rompre désormais avec moi. Ce seroit abandonner toute espérance de reconciliation avec sa famille , & par une
voie qui lui feroit peu d'honneur.

Samedi , 3 Juin.

Je reviens de l'Officialité, où j'étois
allé demander les permissions Ecclesias-

tiques. A la verité, Belford, j'ai eu la
mortification d'y trouver des difficultés.
La Demoiselle est d'un rang & d'une fortune, qui exigent le consentement d'un
Pere, ou de quelque Ami qui le représente.

Je lui ai rendu compte de cet obstacle.
Elle le juge bien fondé. Cependant,
Belford, ce n'est pas avec un homme
tel que moi qu'on s'aviseroit de cette
mauvaise chicane; quand il seroit question de la fille d'un Duc.

Je lui ai demandé, si le contrat lui
avoit plû. Elle m'a dit, qu'elle l'avoit
comparé avec celui de ma mere, &
qu'elle n'y trouvoit aucun sujet d'objection. Elle n'a pas manqué d'écrire là-
dessus à Miss Howe, pour l'informer,
m'a-t'elle dit, de notre situation (*)

Ma Charmante vient de me remettre
le contrat, dont j'ai envoié une copie
au Capitaine Tomlinson. Elle étoit d'une
humeur charmante. Jamais, s'il faut
l'en croire, elle n'a douté de mon hon-

____

(*) L'Editeur a supprimé cette lettre, parce qu'elle
ne contient rien qu'on n'ait lu dans les précédentes.

neur dans les cas de cette nature. D'homme à homme, tu fais qu'effectivement je
n'ai jamais donné lieu au moindre doute.
Il faut-bien, diras-tu, que j'aie quelques bonnes qualités. Les grandes vertus
& les grands vices se trouvent souvent
reunis dans le même caractère. Je ne suis
fort méchant qu'à l'égard des femmes.
Mais n'est-ce pas ce sexe qui a commencé
avec moi ?

Nous avons quelquefois soutenu que
les femmes n'ont pas d'ames ; je suis
un vrai Mahometan sur ce point ; c'est-
à-dire, porté à croire qu'elles ne sont
qu'un agréable composé de matière. Si
cette doctrine est vraie, à qui rendrai-je
compte du mal que je leur fais ? Mais,
quand elles auroient une ame, il paroît
certain que la distinction des sexes est in-
connue entre les substances spirituelles.
A quel propos une ame de femme se
plaindroi-telle, des injures qu'elle a reçues
dans un état qui ne subsiste plus ?

LETTRE CCI.

M. LOVELACE, à M. BELFORD.

Lundi, 5 de Juin.

JE pers l'espérance de reussir par la douceur ou par l'amour, avec cette charmante piéce de glace. Tu te souviens que j'ai envoié une copie du contrat au Capitaine Tomlinson, & cela par un exprès (*). On travaille à la *grosse*. Je suis retourné à l'Officialité, où vraisemblablement j'aurois obtenu les permissions par l'entremise du Notaire Malory, ami de l'Official & le mien, si Malory n'avoit été obligé de partir subitement pour *Chesnunt*. Pritchard m'a dit de bouche tout ce que ma Charmante doit savoir de la lettre que je ne lui ai pas montré, & je lui ai fait connoître mes intentions sur ce qui lui reste à faire en notre faveur. Cependant, avec de si belles apparences, je ne trouve pas l'heureux moment, & je n'appercois rien qui me le promette.

(*) Il n'est pas besoin d'avertir, que ce qu'il dit comme vrai, est ce qu'il a fait croire à Miss Clarisse.

A

A la vérité , je l'ai embraffée deux fois avec tranfport ; & quoique le reffenti- ment de cette liberté l'ait portée fur le champ à fe retirer, elle n'en eft pas moins revenue, fur ma fimple priére, fans entrer dans aucune explication du motif qui l'avoit obligée de me quitter. Quelle mauvaife politique , de s'offenfer d'une liberté innocente, que fa fituation l'oblige auffitôt de pardonner ? Je con- viens néanmoins qu'une femme eft per- due , lorfqu'elle ne fe reffent point des premiétes hardieffes d'un amant : car l'a- mour eft un ufurpateur. Il ne retourne jamais en arrière ; il afpire toujours à de nouveaux progrès ; il n'eft fatisfait que par les conquêtes qui éteignent fes de- firs ; & quel n'eft pas l'avantage d'un Amant qui craint peu de rompre la paix, fur une Maîtreffe qui eft intéreffée à la conferver ?

e viens de me fortifier, pour la dou- ziéme fois, dans une demie refolution. J'ai mille chofes agréables à lui dire. Elle eft dans la falle à manger. Tentons quel- que chofe aujourd'hui.

Tout eſt dans le plus grand déſordre.
On m'a quitté bruſquement , avec les
marques d'une vive colère.

J'avois commencé par m'aſſeoir près
d'elle. J'avois pris ſes deux mains dans
les miennes. Ma voix étoit la douceur
même. J'ai parlé avec reſpect de ſon
pere & de ſa mere. J'ai nommé ſon frere
d'un ton d'amitié. Je ne me ſerois pas
cru capable , lui ai je dit , de ſouhaiter
auſſi ardemment que je le faiſois , notre
reconciliation avec ſa famille.

Une douce rougeur , animée par la reconnoiſſance , s'eſt repandue alors ſur ſon
beau viſage. Sa reſpiration , mêlée de
quelques tendres ſoupirs , faiſoient ſou-
lever ſon fichu.

J'ai continué : mon impatience étoit
extrême de recevoir des nouvelles du
Capitaine Tomlinſon. Il étoit impoſſible que ſon oncle trouvât quelque choſe
à redire aux articles. Cependant il ſe
tromperoit beaucoup , s'il alloit croire
qu'en les lui envoiant , je l'euſſe rendu
maître d'apporter quelque delai à mon
heureux jour. Quand , quand ce jour
celeſte arriveroit - il ? J'étois reſolu de

retourner encore à l'Officialité, & de ne pas revenir sans les permissions. Mon dessein, après la cérémonie, étoit de nous retirer à Median. J'ai proposé tel ou tel jour.

Elle m'a repondu qu'il seroit tems de nommer le jour, lorsqu'on auroit fini tout ce qui appartient au contrat & que les permissions seroient obtenues. Qu'elle se croiroit heureuse, a t'elle ajouté, si l'obligeant Capitaine Tomlinson pouvoit engager son oncle a se trouver secretement à la célébration !

Excellente ouverture, ai-je dit en moi même ; sur laquelle on peut travailler avec succès ; soit pour menager des retardemens, soit pour faire ma paix après l'offense !

Point de nouveaux délais, n'ai je pas laissé de repondre, en lui faisant un tendre reproche du passé. Au nom de Dieu, ne multiplions pas les obstacles. Nommez le jour. Que ce soit du moins un jour de la semaine prochaine. Nommez-le, je vous en conjure ; afin que je puisse benir son approche, & compter les heures trop lentes.

J'avois le visage appuié sur son épaule, baisant ses mains tour à tour. Elle s'efforçoit à la vérité de les retirer, mais par un fentiment de modeftie plutôt que de colère ; & quoiqu'elle tachât d'éviter auffi mon vifage, qui fuivoit fon épaule à mefure qu'elle fe dérobboit , je croiois m'appercevoir qu'elle étoit laffe & plus que laffe de me quéreller. Ses yeux baif-fés m'en apprenoient plus que fes levres ne pouvoient exprimer. Voici le mo-ment , ai je dit en moi-même ; c'eft à préfent qu'il faut effaier fi j'obtiendrai le pardon de quelque hardieffe , à laquelle je ne me fuis pas encore échappé. J'ai laiffé alors fes mains en liberté ; & paf-fant un de mes bras autour d'elle , j'ai imprimé un ardent baifer fur fes levres. Laiffez-moi , Monfieur ! c'eft tout ce qu'elle m'a dit, en détournant le vifage, comme dans la crainte d'être furprife une feconde fois.

Encouragé par tant de douceur , je lui ai dit mille chofes paffionnées ; mais pen-dant qu'elle paroiffoit les entendre fans chagrin , je tirois doucement de mon autre main le fichu qui cachoit fes tréfors ; & tout d'un coup , j'ai preffé de mes levres brûlantes , le plus beau fein que la nature ait jamais formé.

Une paffion fort différente de celle qui le faifoit délicieufement foulever a pris place auffitôt dans fon cœur & dans ſes yeux. Elle s'eſt arrachée de mes bras avec indignation. J'ai voulu la retenir par la main. *Laiſſez moi*, m'a-t'elle dit, d'un ton qui ne reſſembloit point au premier. Je vois qu'il n'y a pas de conditions qui puiſſent être une loi pour vous. Vil ſeducteur ! Eſt-ce-là le but de vos flateuſes expreſſions ? Il n'eſt pas trop tard, je renoncerai à vous pour jamais. Vous avez un cœur haïſſable. Laiſſez-moi, je l'exige abſolument.

Il ne me reſtoit que le parti d'obéïr. Elle a pris la fuite, en repètant, *vil*, mépriſable *flatteur.*

Envain l'ai-je fait preſſer par Dorcas, de m'accorder l'honneur qu'elle m'avoit promis, de dîner avec elle. J'ai reçu pour réponſe, qu'elle ne vouloit pas dîner, & qu'elle ne le pouvoit pas.

Pourquoi faire ainſi regarder comme ſacrée, chaque ligne de ſa perſonne ? Si proche, ſurtout, du tems auquel tout doit m'appartenir par contrat ? Elle a ſans doute appris, dans ſes lectures, l'art des MonarquesOrientaux, qui ſe dérobbent toute l'année aux yeux de leurs ſujets, dansla vûe d'exciter leurs adorations, lorſqu'aux jours folemnels ils daignent fe laiffer voir. Mais je te demande, Belford, fi, dans ces grandes occafions, la cavalcade, & les brillans équipages qui précédent, ne préparent pas par degrés le fpectateur étonné à foutenir l'éclat du Majeftueux Souverain, dont la perfonne n'eft quelquefois qu'un vieillard difforme, quoiqu'orné de toute les richeffes de fon vafte Empire ? Ma Charmante ne devroit-elle pas, pour fon propre intérêt, defcendre par degrés de la condition angelique à l'humanité? Si c'eft l'orgueil qui l'arrête, cet orgueil ne merite-t'il pas d'être puni ? Si l'art, comme dans les Empereurs d'Orient, n'y entre pas moins que l'orgueil, n'eft-elle pas, de toutes les femmes, celle à qui l'art eft le plus inutile ? Si c'eft pudeur, confufion, que rifque-t'elle a communiquer la vûe de fes charmes aux yeux de fon adorateur, qu'elle regarde deja comme fon mari ?

Que je periffe, Belford, fi je ne préferois au plus brillant diadéme du monde le plaifir de voir deux petits Lovelaces, pendant de chaque côté au fein de ma Charmante, pour en tirer leur premiére fubfiftance ; à condition néanmoins, que ce pieux office ne durat pas plus de

quinze jours ! Je me repréfente cette
chere perfonne, preffant de fes beaux
doigts les deux fources d'une noble li-
queur, pour en faire couler deux ruiffeaux dans la bouche vermeille du petit
couple alteré ; fes yeux baiffés alterna-
tivement fur l'un & fur l'autre, avec un
mêlange de confufion & de tendreffe ma-
ternelle ; fe levant enfuite vers moi,
avec une langueur touchante, & me
fuppliant dans ce doux langage, pour
ces petits malheureux, pour elle même,
de daigner legitimer les fruits de notre
amour & condefcendre à me charger de
la chaîne conjugale.

LETTRE CCII.

M. LOVELACE à M. BELFORD.

Lundi, après-midi.

UNe lettre du digne Capitaine Tomlinfon a fervi, plutôt que je n'aurois
pû l'efpérer dans ces circonftances, à
m'introduire auprès de ma Charmante.

Elle eft entrée d'un air fombre, dans
la falle où ce prétexte m'a fait demander

quelques momens d'audience. Il ne m'est pas échappé un mot sur l'avanture du matin ; tu vas voir comment sa colère s'est dissipée d'elle même.

Le Capitaine , » après m'avoir dé-
» claré qu'il m'écriroit avec plus de joie
» s'il avoit reçu la copie des articles que
» je lui ai fait espérer , me marque que
» son cher ami , M. Jules Harlove ,
» dans la premiére conference qu'ils ont
» eue depuis son retour , a paru extrê-
» mement surpris & même affligé ,
» comme il l'avoit appréhendé, d'appren-
» dre que nous ne sommes point encore
» mariés. Ceux qui connoissent mon
» caractère , a dit M. Jules , ne ména-
» geroient pas leur censure , s'ils ve-
» noient à savoir que nous aions vêcu si
» longtems sous le même toît avant le
» mariage; quelque éclat que nous puis-
» sions donner désormais à la célébra-
» tion. Il ne doutoit pas que son neveu
» James ne fit valoir cette objection de
» toute sa force, contre les ouvertures de
» reconciliation ; avec d'autant plus de
» succès , peut être , qu'il n'y avoit pas,
» dan le Roiaume , de famille plus
» délicate sur l'honneur que celle des
» Harloves.

C'est la verité , Belford. On les en a

nommés, *les fiers* Harloves. J'ai toujours observé que *l'honneur nouveau* est fier & délicat.

Mais ne vois-tu pas combien j'avois raison de faire tous mes efforts, pour persuader à ma Belle qu'il falloit laisser penser à l'ami de son oncle, que nous étions mariés; sur-tout lorsqu'il étoit venu disposé à le croire, & lorsque l'oncle s'en étoit flatté? En verité, ce bas monde n'a rien de si pervers, qu'une femme qui s'est mis dans la tête de l'emporter sur quelque point, & qui n'a, pour la contrarier, qu'un homme doux & ami de son propre repos.

Ma Charmante souffroit pendant cette lecture. Elle a tiré son mouchoir : mais elle étoit plus portée à faire tomber le blâme sur moi que sur elle-même. Si vous aviez été fidele à vos promesses, M. Lovelace, & si vous m'aviez quittée en arrivant à Londres.....Elle s'est arrêtée, en se rappellant sans doute, que c'étoit sa faute si notre mariage ne s'étoit pas fait avant que nous eussions quitté la campagne : & comment aurois-je pû m'éloigner ensuite, tandis que son frere formoit des complôts pour l'enlever ?

Il n'est pas même certain qu'il ait renoncé à ses projets ; car, suivant la lettre,

» M. Jules a dit au Capitaine (en confiden-
» ce, remarque l'Ecrivain) que son
» neveu s'occupe actuellement à décou-
» vrir où nous sommes ; dans l'opinion,
» qu'aiant quitté la campagne, & ne
» donnant plus de mes nouvelles à la
» famille, nous sommes quelque part
» ensemble. D'un autre côté, il est clair
» pour lui que nous ne sommes pas ma-
» riés, n'en eût-il pour preuve que la
» demarche recente de M. Hickman
» auprès de son oncle, & celle de Ma-
» dame Norton auprès de sa mere. Or
M. James ne peut supporter que je
jouisse paisiblement de mon triomphe.

Un profond soupir à suivi ce facheux
détail ; & le mouchoir a repris son chemin vers ses yeux. Mais la chere ame n'a-
t'elle pas merité ce petit retour, pour la
perfide intention qu'elle a eue de se dérobber à moi ?

J'ai continué de lire dans la même vûe:
» Pourquoi donc, a demandé M.
» Jules, s'est-on hâté de répondre au
» premier ami qu'il avoit envoié, que
» nous étions mariés ? & de qui cette re-
» ponse ? de la femme de chambre de
» sa niéce. Cette fille ne devoit-elle pas
» être bien informée ? N'auroit-elle
» pas pu donner des raisons convain-
» quantes. . . .

Ici ma Charmante a recommencé à pleurer. Elle a fait un tour dans la chambre ; & revenant à moi, elle m'a prié de continuer.

Voulez-vous lire, ma très-chere vie ? Lisez, lui ai-je dit, prenez la peine de lire vous-même.

Elle m'a repondu, qu'elle prendroit la lettre en me quittant ; qu'elle n'étoit point en état de lire (essuiant ses yeux). Continuez, a-t'elle repris ; allez jusqu'à la fin. Vous pourrez me donner votre sentiment sur cette lettre, comme je vous dirai le mien.

  » Le Capitaine a donc appris au cher
» M. Jules les raisons qui mont porté à
» déclarer que nous étions mariés, &
» les conditions auxquelles ma Char-
» mante s'est laissée engager à ne me
» pas contredire ; ce qui nous a tenus
» dans le plus scrupuleux éloignement.
» Mais on n'a pas cessé d'insister sur
» mon caractère ; & M. Jules est parti
» fort mécontent. Le Capitaine étoit
» si peu satisfait lui-même, qu'il n'avoit
» pas eu beaucoup d'empressement à
» m'écrire le resultat de cette premiére
» conférence.

  » Mais dans celle d'après, qui s'é-
» toit tenue immédiatement après la re-

>> reception des articles, (&, comme
>> la premiére, dans la maison du Ca-
>> pitaine, pour être plus surs du secret)
>> M Jules, après les avoir lus & s'être
>> fortifié par l'avis du Capitaine, avoit
>> paru beaucoup plus tranquille. Ce-
>> pendant il avoit repeté, que si l'on
>> apprenoit dans la famille un si long
>> délai de notre mariage, il ne seroit
>> aisé à personne d'en juger aussi favora-
>> blement que lui. Alors, le Capitaine
>> dit que son cher ami lui a fait les deux
>> propositions suivantes : premiérement,
>> que notre mariage se fasse le plutôt
>> qu'il sera possible, & le plus secrete-
>> ment ; comme il remarque à la verité,
>> que c'est notre dessein : en second lieu,
>> que pour ne lui en laisser aucun doute,
>> un de ses plus fideles amis ait la liberté
>> d'assister à la célébration.

J'ai cessé de lire ici, avec quelque dessein de paroître un peu faché. On m'a
pressé de continuer, & je n'ai pû me
dispenser d'obeïr.

>> Mais qu'à l'exception de ce temoin
>> de confiance, du Capitaine Tomlinson
>> & de lui-même, tout le monde de-
>> meure persuadé que nous étions ma-
>> riés au moment que nous avons com-
>> mencé à vivre dans la même maison, &

» que ce tems s'accorde avec celui de la
» demarche que M. Hickman a faite
» auprès de lui, de la part de Miſs Howe.

Il me ſemble , très chere Clariſſe , lui
ai-je dit , que ces propoſitions ſont extrêmement raiſonnables. Ce que nous
avons à faire uniquement , c'eſt de prévenir là-deſſus nos Hôteſſes. Je n'aurois
pas crû votre oncle Jules capable d'un
tel expédient. Mais vous voiez combien
il s'affectionne à cette reconciliation.

Voici le retour qu'elle a cru devoir à
mes reflexions : » Vous avez toujours
» fait conſiſter, avec moi , une partie de
» votre politeſſe à me laiſſer voir la
» mauvaiſe opinion que vous avez de
» ma famille.

Crois-tu , Belford , que je puiſſe lui
pardonner ce reproche ?

» Le Capitaine ajoute, qu'il ignore
» ſi nous approuverons l'idée de ſon
» ami; mais que ſi nous comptons ſon
» propre ſentiment pour quelque choſe ,
» il regarde cette ouverture comme un
» heureux expédient , qui fera éva-
» nouir un grand nombre de difficul-
» tés , & qui coupera peut-être le cours
» à tous les projets de M. James. Sur ce
» principe , & de l'avis du très-cher
» oncle, il a déja déclaré à deux ou

» trois perſonnes , qui peuvent le redire
» à M. James , que lui , Capitaine
» Tomlinſon , a de fortes raiſons de
» croire que notre mariage a ſuivi de
» près l'infructueuſe démarche de M.
» Hickman.

» Et cette circonſtance , me dit le
» Capitaine , peut vous mettre en droit
» de faire à la famille un compliment
» fort bien placé , qui repondra parfai-
» tement à quelques déclarations géné-
» reuſes que je vous ai entendu faire
» à votre chere Dame , & dont M. Ju-
» les pourra tirer quelque avantage
» pour la reconciliation : c'eſt que vous
» n'avez pas demandé le bien de ſa niéce
» auſſitôt que vous y étiez autoriſé par
» les Loix.

Ma Belle doit avoir pris , aſſurément ,
une très-haute idée de la prudence du
digne Capitaine Tomlinſon.

Mais il ne manque point de faire obſerver, » que ſi ma chere Dame ou moi, nous
» déſaprouvons le recit qu'il a fait de no-
» tre mariage , il eſt prêt à le retracter.
» Cependant, il ſe croit obligé de m'aver-
» tir que M. Jules paroît fort attaché à
» cette méthode , comme la ſeule qu'il
» croie capable de produire une ſolide

» reconciliation. Si nous prenons ce parti,
» il conjure ma chere Dame de ne pas
» suspendre le jour ; afin qu'il puisse être
» autorisé à tenir ce langage, par la
» verité du fait essentiel. (Que cet homme est conscientieux, Belford !) Elle
» ne doit pas s'attendre non plus, dit-il,
» que son oncle fasse le moindre pas vers
» la réconciliation desirée, avant la cé-
» lébration réelle de la cérémonie. Il
» conclut, en me promettant d'être
» bientôt à la Ville, où d'autres affai-
» res l'appellent, & de nous rendre une
» visite, pour nous expliquer plus par-
» ticuliérement ce qui s'est passé & ce
» qui pourra se passer encore, entre M.
» Jules & lui.

Hé bien, ma chere vie, que dites-
vous de l'expédient de votre oncle ?
Ecrirai-je au Capitaine, pour l'assurer
que de notre part il n'y a point d'objection ?

Elle est demeurée en silence pendant
quelques minutes. Enfin, poussant un
soupir, voiez, M. Lovelace, m'a-t'elle
dit, dans quels embarras vous m'avez
jettée, en me faisant marcher après
vous par vos chemins tortueux. Voiez à
quelle humiliation je me trouve exposée !

Aſſurément votre conduite n'a pas été celle d'un homme ſage.

Ma très-chere Clariſſe , ne vous ſouvenez-vous pas avec quelles inſtances je vous ai ſuppliée de conſentir à la célébration , avant notre départ pour Londres ? Si vous m'aviez accordé alors cette faveur.....

Fort-bien , fort-bien , Monſieur ; le mal vient ſans doute de quelque côté : c'eſt tout ce que je puis repondre à préſent. Mais puiſque le paſſé n'eſt plus en notre pouvoir , je crois que mon oncle doit être obéï.

Charmante diſpoſition à l'obeiſſance ! Il ne me reſtoit , Belford , pour ne pas demeurer au-deſſous du digne Capitaine & du cher oncle , que de preſſer encore pour le jour. C'eſt ce que j'ai fait avec beaucoup de chaleur. Mais on m'a repêté, comme je pouvois m'y attendre , que lorſque le contrat ſeroit achevé & les permiſſions obtenues, il ſeroit tems de nommer un jour. Enſuite , détournant le viſage avec un air de tendreſſe inexprimable , & portant ſon mouchoir à ſes yeux , quel bonheur , m'a-telle dit , ſi ſon cher oncle pouvoit conſentir , dans cette occaſion , à faire l'office de pere pour la *pauvre orpheline.*

Que signifie le mouvement qui s'éleve dans mon cœur ? D'où vient cette goûte d'eau qui est tombée sur mon papier ? Une larme ! Par ma foi, Belford, c'est une larme ; diras-tu que je ne m'attendris pas facilement? Au simple souvenir! Au seul recit ! Mais j'ai devant les yeux son aimable image, dans la même attitude où je l'ai vûe prononcer ces paroles: & je t'avouerai qu'au moment qu'elle les prononçoit, ce Vers de Shakespear m'est venu a l'esprit :

» Ton cœur est plein. Retire toi, &
» pleure à ton aise.

Je suis sorti ; & j'ai pris la plume pour écrire au Capitaine. Je l'ai prié » de dire
» à son cher ami, que nous acquiescions
» à toutes ses volontés, & que nous
» avions deja pris les mesures convena-
» bles, du côté de nos hôtesses & de nos
» domestiques: que s'il étoit disposé à
» me donner de sa propre main celle de
» sa chere niéce, nous ferions tous deux
» au comble de nos désirs : que le jour
» qu'il lui plairoit de nommer seroit le
» notre ; me flattant qu'il ne le remet-
» troit pas fort loin, non-seulement pour
» repondre aux sages vûes qu'il s'étoit
» proposées lui-même, mais parce qu'il
» étoit à souhaiter que Milord. M.....

» n'eût pas sujet de se croire négligé,
» après l'intention qu'il avoit eue, com-
» me je l'avois dit au Capitaine, de nous
» servir de pere à la cérémonie, & ce
» projet n'aiant manqué que sur nos re-
« présentations, pour éviter l'éclat d'une
» célébration publique, à laquelle sa
« chere niéce avoit eu peine à consentir
» pendant qu'elle étoit dans la disgrace
» de sa famille : mais que s'il avoit quel-
» que raison de ne pas nous accorder
» cette faveur, je souhaitois que le
» Capitaine Tomlinson fût l'homme de
« confiance qu'il lui plût d'emploier
dans cette heureuse occasion.

J'ai fait voir cette lettre à ma Charmante. Tu juges qu'elle ne lui a pas
causé de chagrin. Ainsi, Belford, nous
ne saurions faire trop de diligence à présent, pour le contrat & pour la permission. Le jour sera celui de l'oncle, ou
peut-être du Capitaine Tolimson, suivant l'ordre que je mettrai dans les évenemens. Voilà des précautions pour toutes sortes de contretems. Le sistême
contrebandier de Miss Howe ne te paroîtra plus fort dangereux. Il seroit inutile de t'expliquer d'avance tous les avantages que je puis recueillir d'une invention à laquelle je n'ai rien épargné. Pour-

quoi ces deux petites créatures m'obli-
gent-elles d'emploier mes coups de maître ?

Je m'occupe actuellement d'une petite
mine, que je veux tenir prête à jouer
dans l'occasion. C'est la premiére que
j'ai emploiée de son espèce; & du pas dont
j'avance , peût-être fera-t'elle la der-
niére. Je la nomme petite , mais elle
peut produire de grands effets ; quoique
je ne compte pas si absolument sur le succès , que je n'en aie de plus sures en reserve. Cependant les grandes machines
font souvent remuées par de petits res-
forts. Une étincelle tombée par accident
sur un magazin à poudre , fait quelquefois plus de ravage que cent pièces d'ar-
tillerie.

Mettons les choses au pis? Le flam-
beau de l'himenée & la chaîne conjugale
feront mon amande honorable.

LETTRE CCIII.

M. BELFORD, à M. LOVELACE.

Mardi, 6 de Juin.

QUoique je n'aie gueres à me louer jusqu'à préfent du fuccès de mes repréfentations, mon cœur me force de prendre encore une fois la plume, en faveur de cette divine Fille ; fans que je puiffe expliquer d'où vient le zèle qui me fait prendre parti pour elle avec une ardeur fi fincère.

Mais tu reconnois tout fon merite. Tu n'avoues pas moins ta mechanceté, & tu ofes même en faire gloire ! Qu'elle efpérance de toucher un cœur fi endurci ? Cependant, comme il n'eft pas trop tard, & que tu approches néanmoins de la crife, je fuis refolu d'effaier quel fera l'effet d'une nouvelle lettre. Si je n'en tire aucun fruit, je n'aurai perdu que ma peine : & fi tu te laiffes vaincre, je fuis fur que dans la fuite tu croiras m'avoir un extrême obligation.

Raifonner avec toi, ce feroit une fo-

lie. Le cas ne demande point de raifon-
nement. Je me reduis par confequent à
te conjurer de ne pas faire perdre à la
plus excellente de toutes les filles, le prix
de fa vigilance & de fa vertu.

Je fuis perfuadé qu'il n'y eût jamais de
libertins fi abandonnés, qu'ils n'aient remis leur reformation à quelque âge de
leur vie : & je demande de toi que dans
cette importante occafion, tu faffes ce
que tu dois pour rendre quelque jour ton
repentir auffi aifé, que tu fouhaiteras
alors de l'avoir fait. Si tu n'abandonnes
pas ton deteftable deffein, il ne faut pas
douter que de manière ou d'autre, cette affaire n'ait une fin tragique.
Une femme fi extraordinaire doit in-
téreffer dans fa caufe les Dieux & les
hommes. Mais ce que j'appréhende le
plus, c'eft que fon reffentiment, après
l'outrage, ne la porte, comme une autre
Lucrece, à rendre un témoignage fan-
glant de la pureté de fon cœur; ou que
fi fa piété la fauve de cette violence, la
force de fa douleur n'abrege bientôt fa
vie. Dans l'un & l'autre cas, le fouvenir d'un crime perpetuel & d'un triomphe paffager, ne fera t'il pas pour toi la
plus cruelle de toutes les tortures ?

C'eft un malheur extrême, après-

tout, qu'une perſonne de ce merite ſoit
tombée entre des mains auſſi mechantes
& auſſi impitoiables que les tiennes : car
depuis le berceau, comme je te l'ai entendu confeſſer plus d'une fois, tu t'es
toujours fait un plaiſir cruel de tourmenter juſqu'aux animaux que tu as aimés,
& ſur leſquels tu as eu quelque pouvoir.

Que le cas de cette incomparable
femme reſſemble peu à celui de tant
d'autres que tu as ſeduites ! Eſt-il beſoin
que j'inſiſte ſur une ſi prodigieuſe diffe-
rence ? Juſtice, gratitude, intérêt,
ſermens, qui s'accordent à t'engager ;
ton amour même, autant que tu es capable d'amour, qui te l'a fait mettre au-
deſſus de tout ſon ſexe ; un combat iné-
gal entre le crime armé & l'innocence
nue ; ſes talens ſupérieurs aux tiens,
comme tu l'avoues, dans tout ce qui n'eſt
pas ruſe, duplicité, noirceur infernale ;
& ſon ſort, mille fois plus déplorable
que celui d'aucune autre de tes malheureuſe victimes, ſi tu ne cedes pas enfin à
tes remords !

Il eſt vrai, que lorſque tu m'as procuré l'occaſion de la voir, & juſqu'au
moment où mes obſervations m'ont fait
pénétrer plus loin que les apparences, je
ne l'avois pas cru partagée d'un juge-

ment fort au-deſſus du commun. Tu m'avois préparé néanmoins à lui trouver beaucoup de ſens & de lecture ; mais, au prémier coup d'œil je me crus obligé de faire grace de quelque choſe à ſa jeuneſſe, aux charmes de ſa perſonne, & à l'air galant de ſa parure, qui devoient avoir dérobbé une partie de ſon tems aux occupations ſérieuſes. Le choix qu'elle a fait d'un homme tel que notre ami, & par des voies ſi dangereuſes, me diſois je encore à moi-même, confirme aſſez que ſon eſprit manque d'une certaine maturité, qui ne peut venir que des années & de l'expérience. J'en concluois que toutes ſes connoiſſances devoient ſe reduire à la theorie; & que la vivacité de ſon âge étant toujours accompagnée de beaucoup de complaiſance, une jeune perſonne ſi peu expérimentée ne manqueroit pas de ſe prêter, du moins ſans dégoût, aux diſcours libres qui pouvoient nous échapper malgré tes ſages inſtructions.

Dans cette ſuppoſition, je me donnai carrière ; & ne reconnoiſſant de ſupérieur que toi parmi les convives, le deſir de paſſer à ſes yeux pour un galant du premier ordre, me fit hazarder quantité de folies, par leſquelles je crus briller beaucoup. Si mes ridicules plaiſanteries rejouirent ta Sinclair & la Partington, sans faire sourire Miss Harlove, je me figurai d'abord que cette reserve venoit de sa jeunesse, ou de quelque affectation, ou d'un mélange de l'une & de l'autre, & peut - être d'un certain empire sur les traits de son visage. J'étois fort éloigné de m'imaginer que je n'excitois alors que son mépris.

Mais, lorsqu'elle eut commencé à parler, ce qu'elle ne fit qu'après nous avoir approfondi tous; lorsque j'eus entendu son sentiment sur deux ou trois sujets, & que j'eus observé cet œil perçant, qui pénétroit jusques dans les recoins de nos extravagans cerveaux, sur ma foi, elle me fit regarder autour de ma chaise; & commençant à me recueillir en moi-même, j'eus honte de tout ce qui étoit sorti de ma bouche. En un mot, je pris le parti de me taire, jusqu'à ce que tout le monde eût jetté son prémier feu, pour me donner le tems de prendre une contenance moins folle. Ensuite je fis naître divers sujets qui pouvoient meriter son attention, & qui exciterent en effet toute la force naturelle & tout l'agrément de son esprit, jusqu'à nous causer à tous de la surprise & de la confusion. Toi-même, Lovelace, qui es si connu par

la

la fineſſe & la vivacité de tes reparties ,
& par un fond de badinage qui fait les
délices de tous ceux qui vivent avec toi ,
je vis tes talens obſcurcis par l'éclat des
ſiens ; & tu ne fus capable, comme nous,
que d'applaudiſſement & d'admiration.

Ah ! Lovelace , quel fut alors à mes
yeux le triomphe de la modeſtie , de l'eſprit ſolide , & de la veritable politeſſe ,
ſur d'impertinentes bouffoneries & ſur
d'obſcénes équivoques, dont le ſens cauſe
tant de honte à ceux mêmes qui les em-
ploient , qu'ils n'oſent le dévoiler qu'à
demi ! Je ne daigne pas étendre cette reflexion juſqu'aux deux femmes de l'aſ-
ſemblée , qui loin de pouvoir prétendre
à l'honneur que tu leur as procuré de vivre familiérement avec Miſs Clariſſe
Harlove , ne ſont pas dignes de ſes regards, ni de lui rendre les plus vils offices.

Charmante fille ! Si le hazard , pen-
ſois-je alors comme aujourd'hui , lui
faiſoit ſeulement apprendre quel eſt le
lieu quelle habite , & quelles ſont les
vûes qu'on a ſur elle , combien la mort
ne lui paroîtroit-elle pas préferable à
cette horrible ſituation ? & de quelle
force ne ſeroit pas ſon exemple , pour
armer tout ſon ſexe contre les proteſta-
tions & les fermens du notre ?

Tom. V. Part. I. C

Mais permets que je te conjure encore une fois, mon cher Lovelace, si tu respectes un peu ton honneur, pour celui de ta famille, pour le repos de ta vie, ou pour l'opinion que j'ai de toi, (quoique je ne prétende pas être tant remué ici par principe, que par l'éclat d'un mérite auquel tu devrois être encore plus sensible) de te laisser toucher..... d'être..... d'être humain, voilà tout; de ne pas faire honte à notre humanité commune !

Tout endurci que tu es, je sais que ce sont tes infâmes hôtesses, qui te soutiennent dans ta resolution. Ah ! pourquoi la prudente Clarisse, avec tant d'innocente charité dans le cœur, a-t'elle été si ferme à tenir ces trois femmes dans l'éloignement ? Que n'a-t'elle consenti plus souvent à manger avec elles. Malgré toute leur adresse a déguiser les apparences, elle n'auroit pas eu besoin de huit jours pour les pénétrer. Elle auroit abandonné leur maison comme un lieu infecté. Mais, avec un homme aussi déterminé que toi, cette découverte auroit peut-être hâté sa ruine.

Je sais que tu es délicat dans tes amours. Mais n'y a-t'il pas des milliers de femmes, qui, sans être tout à fait abandonnées, se laisseroient prendre par tes qualités extérieures ? Fais toi, si tu veux, un jeu des principes, avec celles qui n'en ont pas une idée plus serieuse.

Si ton unique but étoit l'épreuve, comme tu t'en es fait d'abord un prétexte, n'as-tu pas assez éprouvé ce modele de vertu & de vigilance ? Mais je te connois trop bien pour t'avoir cru capable de t'arrêter à ce point. Les hommes de notre classe, lorsqu'ils entreprennent de seduire une femme, ne renoncent à leurs vûes que par impuissance. Je savois qu'un avantage obtenu t'en feroit tenter un autre. Je connoissois trop bien ton ancienne aversion pour le mariage : & ne m'as-tu pas avoué l'espérance que tu avois de lui inspirer le goût d'un commerce libre, dans la letre même où tu me donnois l'épreuve comme ta principale vûe ? Mais tes remords mêmes, tes remords forcés, ne te convainquent-ils pas que cette espérance est une présomptueuse chimére, qui ne se réalisera jamais ? Pourquoi donc, lorsque tu l'aimes assez pour vouloir l'épouser plutôt que de la perdre, pourquoi t'exposer à n'obtenir d'elle qu'une haîne éternelle ?

Mais si tu médites effectivement la

dernière épreuve , c'eſt-à-dire , une épreuve perſonnelle , & que ta ſincère reſolution ſoit de proportionner la recompenſe à ſa conduite , je te demande en grace de la tirer du moins de cette infâme maiſon. Ce ſera rendre le combat égal, entre-elle & ta conſcience. La pauvre abuſée ſe repoſe maintenant avec tant de confiance ſur les fauſſes idées dont tu l'as remplie, que tu ne dois plus craindre qu'elle penſe à fuir, ou qu'elle ait recours à ce ſiſtème de Miſs Howe, qui t'a fait emploier ce que tu appelles tes coups de maître.

Enfin, quelque reſolution que tu prennes, & ſi je n'ai plus le tems de t'écrire avant que tu aies jetté le maſque, garde-toi, ſi tu veux éviter la malediction du genre humain, & tôt ou tard celle de ton propre cœur, garde toi, Lovelace! de laiſſer un inſtant le moindre pouvoir ſur elle, à cette déteſtable femme, qui a, s'il eſt poſſible, plus de dureté que toi-même avec moins de remords , & qui a vieilli dans la pratique de ruiner l'innocence. Ah ! cruel ami, combien cette Megere pourroit-elle raconter d'horribles hiſtoires de ſon ſexe ; & voudrois-tu que celle de ta Clariſſe groſſit la liſte ? Mais c'eſt une prière que j'aurois pû m'épargner. Tout abandonné que tu es, il y a des excès dont je ne te crois pas capable. Tu ne trouverois pas de satisfaction, dans un triomphe qui blesseroit ton orgueil & qui deshonoreroit l'humanité.

Si tu t'imaginois que le triste spectacle que j'ai sans cesse devant les yeux m'a rendu plus serieux que je ne le suis ordinairement, peut-être ne te tromperois-tu pas. Mais la seule conclusion qu'on en puisse tirer, quand je recommencerois à mener mon ancienne vie, c'est qu'aussitôt que la froide saison des reflexions sera venue, soit qu'elle arrive à l'occasion de nos propres désastres ou de ceux d'autrui, nous ne manquerons pas, si nous sommes capables de penser, ou si nous en avons le tems, de penser tous de même. Quelque emportement que nous aions pour le plaisir, aucun de nous n'est assez fou pour attribuer son existence au hazard, ou pour croire que nous ne soions au monde que pour y faire tout le mal dont nous sommes capables. Je n'ai pas honte d'avouer que dans les prières que mon oncle mourant me prie quelquefois de reciter près de lui, pendant l'absence d'un honête Ministre qui lui rend ordinairement ce service, je n'oublie pas de

mettre un mot ou deux pour moi-même.
Si tu en ris, Lovelace, ta raillerie sera plus
conforme à tes actions qu'à ta croïance.
Le diable croit & tremble. Vois si tu es
plus abandonné que lui. J'ajouterai qu'à
la vûe du pauvre Moribond, je souhaiterois souvent que tu fusses temoin du
même spectacle, une demie heure seulement chaque jour. Ma foi, ses inquié-
tudes pour l'avenir sont une singulière
leçon. Cependant, s'il faut s'en rapporter à son propre témoignage, pendant
soixante-sept ans qu'il a vêcu, il n'a pas
à se reprocher la moitié des désordres
que nous avons commis, toi & moi, ces
six ou sept dernières années.

En finissant, je recommande à tes plus
sérieuses reflexions tout ce que je viens
d'écrire, comme sorti du cœur & de
l'ame de ton véritable ami,

BELFORD.

LETTRE CCIV.

M. LOVELACE, à M. BELFORD.

Mardi, 6 de Juin, apres-midi.

LEs difficultés ne finissent point pour cette maudite Permission. J'ai toujours haï, & je haïrai toujours, ces Officiers spirituels & leur Cour.

A présent, Belford, si je n'ai pas assuré la victoire, je me suis du moins ouvert une belle retraite. Mais qu'apperçois-je ? ton laquais avec une lettre.... Et de quelle longueur ! quoiqu'elle n'ait pas l'air d'une narration.

Encore une apologie pour ma Charmante ! N'as tu pas honte de perdre le tems, qui est un bien si précieux ! Chemin faisant, je t'avois laissé la liberté de me dire, avant la crise, tout ce qui pouvoit faire honneur à ton esprit. Est-il tems de revenir à la charge, lorsque je touche à la fin de mes travaux ? Cepen-

dant, je veux bien m'amuſer un moment
à diſcuter avec toi le même point.

Tu me débites quantité d'impertinen-
ces ; les unes, que tu ſais de moi-même,
d'autres que je ſavois deja.

Tout ce que tu me dis, à l'avantage de
cette charmante fille, n'approche pas de
ce que je t'ai dit ou écrit ſur ce ſujet ine-
puiſable. Sa vertu, ſa reſiſtance, qui
font ici ſon merite, ſont un aiguillon
pour moi. Ne te l'ai-je pas vingt fois
repêté ?

Que les femmes me traitent de diable
tant qu'elles voudront, en quoi le ſuis-
je, ſi ce n'eſt dans mes inventions ? je
ne le ſuis pas plus qu'un autre dans la fin
que je me propoſe : car lorſque je ſuis
parvenu au point, ce n'eſt jamais qu'une
ſeduction. Peut-être les difficultés que
je trouve à celle - ci m'en ont - elles
épargné pluſieurs, où j'aurois été plus
heureux dans l'intervalle.

Que trouves tu d'extraordinaire dans
l'avanture préſente ? La vigilance de la
Belle, & rien de plus. Malgré toute la
paſſion que j'ai pour l'intrigue & les
ſtratagémes, crois-tu que je n'aimaſſe
pas mieux vaincre avec moins de peine
& plus d'innocence ? Je t'apprens que quiconque eſt auſſi méchant qu'il peut l'ê-

tre, eſt pire que moi. Demande à tout libertin qui auroit reſolu de remporter la victoire, s'il auroit été capable d'une ſi longue patience & s'il auroit ſenti les mêmes remords : & , ſans me borner aux libertins , ſi chaque homme prenoit la plume , comme moi , pour écrire tout ce qui lui entre dans le cœur ou dans la tête , & pour s'accuſer lui-même avec autant de franchiſe & de liberté , quelle armée de coupables n'aurois-je pas , pour m'affermir par l'exemple ?

C'eſt une maxime aſſez commune , qu'un homme qui ſe trouve ſeul avec une femme , l'offenſe , s'il ne lui fait pas quelque propoſition de galanterie. Ceux qui penſent ainſi , ſont plus méchans que moi. Quelle opinion doivent-ils avoir de tout le ſexe ?

Je veux le défendre , ce ſexe qui m'eſt ſi cher. Si ceux qui jugent ſi mal de lui croient leur maxime généralement vraie, ils doivent avoir vécu en fort mauvaiſe compagnie , ou juger du cœur des femmes par leur propre cœur. Il faudroit qu'une femme fût bien abandonnée pour ſe rendre à la premiére attaque. Une femme , élevée dans la modeſtie , doit être naturellement froide & reſer‑ vée. Elle ne peut être auſſitôt émue ,

C v

que la plupart des libertins se le persua-
dent. Elle doit avoir pris du moins quelque confiance à l'honneur ou à la discretion d'un homme, avant que ses desirs
aient la hardiesse de se déclarer. Pour
moi, j'ai toujours gardé la décence avec
les femmes, jusqu'au moment où je me
suis cru sur d'elles. Jamais je ne leur ai
fait d'offense considérable, sans avoir
éprouvé qu'elles m'en pardonnoient de
legeres, & qu'elles ne m'évitoient pas
après avoir connu mon caractère.

La divine Clarisse a mis du désordre
dans mes principes. Je me suis flatté
dabord de la vaincre en l'intimidant. Ensuite, je me suis promis une victoire
plus certaine de l'amour. Il ne me reste
que la surprise à joindre à ces deux voies,
& nous verrons ce qu'elles peuvent ensemble.

De qui m'accuseras-tu de vouloir
usurper le bien, si je persiste dans mes
projets d'amour & de vangeance ? Ceux
qui avoient des droits sur elle n'y ont-ils
pas renoncé ? Ne l'ont ils pas exposée vo-
lontairement au danger ? Ne devoient-
ils pas savoir qu'une créature si charmante seroit regardée comme de bonne
prise, par tous ceux qui auroient l'occasion de l'attaquer ? & quand ils ne l'au-

roient pas exposée si barbarement, n’est-
elle pas *fille*? Faut-il t’apprendre, Belford, que les gens de notre espéce (j’entens les moins méchans, car les autres
ne respectent rien) croient faire beaucoup de grace aux maris, de leur laiffer leurs femmes, & de composer pour
leurs sœurs, leurs filles, & leurs niéces?
Je ne désavoue point que cette idée ne
soit chocquante en elle-même ; mais
c’est le principe de la moitié des hommes,
lorsqu’ils ont l’occasion ou le courage de
le suivre;& tu en connoi des milliers qui
ne seroient pas capables de la générosité
que j’ai eue pour mon Bouton de Rose.
Affurément, ces Galans emportés n’ont
pas droit de me blamer.

Tu reviens à faire valoir ce que ma
Belle a souffert de la part de sa famille.
Il faut donc te repêter, comme je l’ai
fait à chaque lettre, que ce n’est pas pour
moi qu’elle a souffert. N’a-t’elle pas été
la victime d’un frere ambitieux & d’une
sœur jalouse, qui n’attendoient que l’occasion de la perdre dans l’esprit de ses
autres parens, & qui ont saisi la premiére
qui s’est présentée, pour la chasser de
la maison paternelle ? Ils l’ont précipi-
tée entre mes bras : Mais tu sais avec
quelle violence pour ses inclinations.

Si tu me forces de rappeller ses propres péchés, de combien d'offenses cette chere personne n'est-elle pas responsable à l'amour & à moi ? Ne m'a-t'elle pas dit vingt fois, & vingt fois vingt fois, qu'elle ne refusoit pas l'odieux Solmes en ma faveur ? N'a t'elle pas offert aussi souvent, de renoncer à moi pour se reduire au célibat, si ses implacables parens vouloient la recevoir à cette condition ? Dans combien de répétitions m'engages-tu, par ta lâche pitié ?

Jette les yeux un peu plus loin par derrière ; aurois-tu perdu la memoire de tout ce que j'ai souffert moi - même de cette orgueilleuse Beauté, pendant tout le tems de mon esclavage, lorsque j'observois ses mouvemens aux environs du Château d'Harlove, & dans la misérable hôtellerie de Neale ? N'ai je pas promis vangeance à l'amour, & ce vœu n'est - il pas justifié, par l'infidélité (je n'apporte que ce seul exemple) qui lui fit rompre une entre vûe promise ?

O Belford ! quelle nuit je passai dans le taillis voisin du parc de son pere ! Mon linge & mes cheveux humides, de l'épaisseur du brouillard ! Tous mes membres engourdis ! Mes doigts à peine capables de tenir ma plume ! Obligé de me les frotter rudement, & de me battre les

flancs des deux mains , pour les échauffer ! Un genou plié dans la fange ; écrivant sur l'autre , si mes caractères trem-
blans pouvoient porter le nom d'écriture!
Mes pieds si glacès , pendant cet office,
qu'en voulant me lever , il me sembloit
qu'ils eussent pris racine , ou qu'ils ne
pussent plus servir à me supporter ! L'a-
mour & la rage tenoient mon cœur en
mouvement ; sans quoi j'aurois souffert ,
j'aurois dû souffrir beaucoup davantage.

A mon retour , je te communiquai
ce que j'avois écrit ; & je te fis voir ensuite la reponse de mon Tiran. Tu m'aimois alors ; tu eus pitié de ton ami.
L'amour outragé approuva lui même le
serment de ma vangeance ; quoi qu'a-
présent au jour de mon pouvoir, oubliant
la nuit de mes souffrances , il prenne parti
pour elle par ta bouche. Que dis-je ?
n'est-ce pas lui qui m'amena mon adorable *Nemesis* (*) ; & ne se reunirent-ils
pas tous deux pour me faire prononcer
ce vœu sacré : » que je renonçois au re-
» pos, jusqu'au jour où je serois con-
» sentir cette divinité des Harloves à se
» livrer à mes embrassemens , en dépit
» de toute sa fiére famille ? Tu ne peux
avoir oublié mon serment. Je t'ai ac-

(*) Déesse de la vangeance.

tuellement devant les yeux, avec la trif-
te contenance que tu pris alors : tes gros
traits enflammés de compaffion pour moi,
tes levres repliées, ton front filloné de
rides, chaque mufcle contribuant de
tout fon pouvoir à te donner un air de
douleur ; & ta langue incapable de prononcer un autre mot qu'*amen*, pour le
fuccès de mon vœu.

Quelle marque diftinguée d'amour ou
de confiance, quelle faveur ai-je reçue,
qui puiffe me le faire retracter ? Il eft
vrai que je ne l'ai pas renouvellé depuis, & que j'étois difpofé à l'oublier.
Mais la répétition des mêmes offenfes fait
revivre le fouvenir de la première ; & fi
l'on y joint les virulentes lettres de Mifs
Howe, que je me fuis procurées fi nou-
vellement, que peux-tu dire en faveur
d'une rebelle, qui s'accorde avec la fidelité que tu dois à ton ami ?

Laiffe à chacun fon genie & fon caractère. On a nommé Annibal le pere des
rufes militaires Si tu fuppofes qu'Annibal eût tourné fes inventions contre
l'autre fexe, & que les miennes euffent
pour objet des êtres de mon efpéce, que
je regardaffe comme mes ennemis, parce
qu'ils feroient nés & qu'ils vivroient
dans un climat different ; Annibal auroit

fait moins de mal, Lovelace davantage: telle auroit été toute la différence.

Il n'y a point un Souverain sur la terre, s'il n'est pas homme de bien & s'il est d'humeur guériére ; qui ne doive faire mille fois plus de mal que moi. Pourquoi ? parce qu'il a le pouvoir d'en faire davantage.

Un honnête homme, diras-tu peut-être, ne souhaitera jamais de pouvoir faire du mal. Il ne le doit pas, lui répondrai-je fort bien : mais s'il a ce pouvoir, mille à parler contre-un qu'il en abusera.

En quoi donc suis-je d'une mechanceté si singuliére ? Dans mes inventions, diras tu (car tu es mon écho), si ce n'est pas dans la fin que je me propose. Mais songes-tu combien il est difficile à tous les hommes de combattre une passion dominante ? J'ai trois passions qui me dominent tour à tour ; toutes trois roiales : l'amour, la vangeance, & l'ambition, ou lé desir des conquêtes

L'invention particulière de Tomlinson & de l'oncle te paroîtra peut-être un peu noire. Je ne l'aurois pas misé en œuvre, si ces deux filles ne m'avoient fait naître l'idée de trouver un mari pour leur Madame Towsend,

Il n'eſt queſtion dailleurs que de les prévenir. Me crois - tu capable de ſouffrir
qu'on l'emporte ſur moi par la ruſe ? &
cette invention même ne coupe-t'elle pas
cours à quantité de déſaſtres ? Peux-tu
penſer que j'euſſe abandonné tranquillement ma Déeſſe à la contrebande de la
Towſend ?

Quel eſt le but d'une autre de tes reflexions , ſi ce n'eſt de ruiner ton propre plaidoïer ? » Les gens de notre claſſe,
» dis-tu, ne renoncent à leur méchan-
» ceté que par impuiſſance. Tu as donc
oublié que Clariſſe eſt en mon pouvoir ?

Tu ajoutes, » que je n'ai que trop
» éprouvé ce modele de vertu. Erreur ,
car je n'ai pasencore commencé à l'éprouver. Tout ce que j'ai fait juſqu'à préſent
n'eſt qu'une préparation à l'épreuve.

Mais ton inquiétude eſt pour les moiens
que je puis emploier, & pour l'honneur
de ma bonne foi.

Pauvre eſprit que tu es ! crois-tu qu'un
homme ait jamais trompé une femme ,
ſi ce n'eſt aux dépens de la bonne foi ?
Pourroit - on dire autrement, qu'il l'a
trompée ?

A l'égard des moiens, tu ne t'ima-
gines pas que j'attende un conſentement
direct. Mon eſpoir eſt dans un mélange
de conſentement & de reſiſtance , ſans

lequel je fuis prêt à jurer qu'il n'y eût jamais de veritable viol , en fuppofant le combat entre deux perfonnes. La bonne Reine Elifabeth d'Angleterre eût été de mon opinion.* Il ne feroit pas mal à propos que le beau fexe fût inftruit de ce que nous penfons fur ce point. J'aime à l'armer de précaution. Je voudrois être le feul homme qui reuffit auprès des femmes. Ne t'ai-je pas dit , un jour , que tout libertin que je fuis , je ne fuis pas l'ami d'un libertin?

Tu prétens que j'ai toujours eu de l'averfion pour le mariage. D'accord : & tu ne devines pas moins jufte , lorfque tu ajoutes que j'époufcrois Mifs Harlove plutôt que de la perdre. Mais tu me menaces de fa haine éternelle, fi je tente l'épreuve fans fuccès. Prens garde, Belford , prens garde. Ne vois-tu pas que c'eft m'avertir de ne pas l'éprouver fans être refolu de vaincre ?

Je dois te dire auffi , que j'ai douté pendant quelque tems fi je n'avois pas tort de t'écrire auffi librement que je fais , furtout dans la fuppofition que cette chere fille devienne ma femme. Chaque lettre que je t'écris n'eft-elle pas un témoignage contre moi ? J'en accufe en partie ma vanité , & je crois que je fe-

____
* Allufion à un trait connu.

rai plus circonfpect à l'avenir ; car tu
deviens très impertinent. J'avoue qu'un
homme de bien pourroit dire une partie
des chofes que tu permets à ta plume ;
mais en verité , elles ont fort mauvaife
grace de ta part : & tu dois fentir que
je puis te répondre fur chaque point,
par nos principes communs , auxquels
nous fommes attachés depuis longtems.
Ce que tu viens de lire te montre affez
que je le puis.

Dis-moi , je te prie , Belford : fi je ne
t'avois jamais écrit fur ce fujet, & fi je
ne m'étois pas accufé moi même , quel
auroit été l'abregé de mon hiftoire & de
celle de ma Belle après dix ans d'un commerce libre ? Le voici fans doute ; & je
te laiffe à juger fi tu l'aurois fait mieux :

>> Robert Lovelace , connu pour un
>> *mangeur de femmes* , adreffe honora-
>> blement fes foins à Mifs Clariffe Har-
>> love , jeune perfonne du merite le
>> plus diftingué. Fortune fans reproche
>> des deux côtés.

>> Après avoir vû fes intentions ap-
>> prouvées , il eft infulté par le frere de
>> fa Belle , qui fe croit obligé par fon
>> propre intérêt de rompre cette allian-
>> ce , & qui le forçant à la fin de tirer
>> l'épée , reçoit la vie de fes généreufes
>> mains.

» Les parens, auſſi enragés que s'il
» avoit pris à cet indigne frere la vie
» qu'il lui a donnée, l'outragent per-
» ſonnellement, & trouvent un odieux
» amant pour leur fille.

» Pour éviter un mariage forcé, cette
» jeune perſonne ſe jette ſous la protec-
» tion de M. Lovelace. Cependant elle
» déſavoue tous ſentimens d'amour pour
» lui ; & s'adreſſant à ſes parens ſans ſa
» participation, elle leur offre de re-
» noncer à lui pour jamais, s'ils veu-
» lent la recevoir à cette condition & la
» délivrer de l'Amant qu'elle déteſte.

» M. Lovelace, homme emporté
» dans ſes paſſions, & d'une fierté ex-
» traordinaire, croît lui avoir fort peu
» d'obligation ; mais ne laiſſant pas de
» l'aimer juſqu'à l'idolatrie, aiant de ſi
» fortes raiſons de haïr ſes parens, &
» ne ſe ſentant pas un penchant extrême
» pour le mariage, il s'éfforce de l'en-
» gager dans un commerce libre ; & par
» ſon adreſſe & ſes inventions, il obtient
» ce qu'il deſire.

» Il eſt déterminé à ne jamais épou-
» ſer d'autre femme Il ſe fait honneur
» de lui faire porter ſon nom. La dif-
» ference n'eſt que dans la cérémonie.
» Il la traite avec la tendreſſe qu'elle

» merite. Personne ne revoque leur ma-
» riage en doute, à l'exception de ces
» fiers parens de sa Belle, auxquels il se
» fait une joie de causer ce tourment.
» Chaque année lui apporte un fruit de
» son amour. Le bien ne lui manque
» point, pour soutenir avec splendeur
» l'accroissement de sa famille. Il se
» picque d'être un pere tendre, un ami
» zélé, un Maître généreux, & de paier
» fidellement ses dettes. Quelquefois,
» peut-être, il se permet de voir un
» nouvel objet, pour ranimer ses plai-
» sirs lorsqu'il retourne à sa Charmante
» Clarisse. Son seul défaut est l'amour du
» beau sexe; & les femmes assurent qu'il
» se guerira de lui-même : si délicat dail-
» leurs, que dans son libertinage, il a
» toujours respecté la femme d'autrui. ..

Sur le pied où le monde est aujourd'hui, que trouves-tu de si criant
dans cette peinture? Conviens que si je
ne t'avois fait entrer dans le progrès de
ma grande entreprise, mille & mille
histoires te paroîtroient pires que la
mienne. Dailleurs tu sais que tout ce que
j'ai dit à Joseph Leman, de la manière
dont j'en use avec mes Maîtresses, approche beaucoup de la verité.

Si j'étois aussi ardent à me défendre

que tu l'es à m'accuſer, je pourrois te
convaincre par d'autres argumens, par
des obſervations, par des comparaiſons
ſans nombre, que ſi l'ingenuité de mon
caractère me porte à m'accuſer librement
dans mes recits, du moins à toi qui connois tous les ſecrets de mon cœur, je ne
laiſſe pas, chemin faiſant, d'avoir
quelque choſe à dire pour ma defenſe :
quoique mes raiſons, peut-être, ne
fuſſent pas d'un grand poids pour tout
autre qu'un libertin. Mais enfin, je pourrois dire à ceux qui s'arrêteroient *pour
me jetter la premiére pierre ;* » voiez ſi vos
» paſſions dominantes n'exercent pas ſur
» vous le même empire. Suppoſé que
» vous valiez mieux que moi ſur plu-
» ſieurs points, voiez ſi vous n'êtes pas
» pires ſur quantité d'autres : d'autánt
plus que je ne ſuis pas ſi partial pour mes
défauts, que je les juſtifie, à mes propres yeux, lorſque je me permets d'y reflechir.

J'ajouterai une autre obſervation,
tandis que je ſuis en haleine ; & tu me
diras ſi tu la trouves auſſi grave qu'elle
l'eſt pour moi : » J'ai tant de paſſion pour
» les femmes, que ſi j'avois cru le carac-
» tère de la vertu neceſſaire pour reuſſir
» auprès d'elles, j'aurois apporté plus

» de soin à regler mes mœurs, & plus
» de ménagement dans la conduite que
» je tiens avec ce sexe.

En un mot, je sais parfaitement que
les hommes vertueux, les cœurs honnêtes, qui ne se sont jamais permis un
mal volontaire, & qui mettroient en
ligne de compte toutes les perfections de
cette incomparable fille, non-seulement
me condamneroient, mais auroient horreur de moi, s'ils étoient aussi-bien informés que toi de ma conduite & de mes sentimens. Mais il me semble que je serois
bien-aise d'échapper du moins à la censure
de ceux ou de celles qui n'ont jamais su ce
que c'est qu'une épreuve ou une tentation
capitale, qui n'ont aucun genie pour
l'invention ; & plus particuliérement, de
ceux qui ont seulement gardé leur secret
mieux que moi, ou mieux que je n'ai
souhaité de garder le mien.

P. S. Je t'ai ménacé de ne te plus écrire. Mais ne t'afflige pas, Belford. Vas,
mon ami, il faut que j'écrive, & je ne
puis m'en empêcher.

LETTRE CCV.

M. LOVELACE, à M. BELFORD.

Mercredi, à 11 heures du foir.

MA foi, Belford, tu m'as prefque abbatu par tes impertinentes réflexions, quoique je n'aie pas voulu te l'avouer dans ma lettre d'hier. Ma confcience étoit encore de ton parti. Mais je me flatte d'être redevenu homme.

Comment as-tu trouvé le fecret de m'ébranler ? Si proche du fuccès de mes complôts ! A la veille de faire jouer ma mine ! Tout étoit arrangé ici entre les femmes & moi ; fans quoi, je crois que tu aurois triomphé de mes refolutions.

J'ai le tems de t'écrire quelques lignes, pour te préparer à ce qui doit arriver dans une heure ou deux.

Nous avons été extrêmement heureux. Combien d'agréables jours nous avons paffés enfemble ! Mais qui peut deviner ce que deux heures de tems vont produire ?

Lorfque j'ai quitté ma Charmante, il

y a une demi heure, & toujours avec une violence extrême, c'est après lui avoir fait promettre qu'elle ne s'arrêteroit ce soir à lire ni à écrire. Sa conversation avoit eu tant de charmes pour moi, & la satisfaction qu'elle avoit témoignée de ma conduite avoit ajouté un surcroît si sensible à ma joie, que si elle ne se retiroit pas pour se mettre au lit, je l'avois pressée de m'accorder une heure de plus. En passant une partie de la nuit à lire ou à écrire, ce qui lui arrive quelque-fois, elle auroit déconcerté mes vûes, comme tu l'observeras lorsque ma petite mine aura produit son effet.

Quoi ? Quoi ? voudrois-tu m'étouffer ? C'est à mon cœur que je parle, Belford. Le traître s'est enflé, jusqu'à me couper la respiration. Pourquoi tant de mouvement ? Lorsqu'un homme croit toucher au rivage, ces femmes reservées l'exposent encore à des tempêtes.

Tout est-il prêt, Dorcas ? Ma Bien-aimée m'a-t'elle tenu parole ?

Mais d'où me viennent ces agitations que je ne puis appaiser ? Est-ce amour ?

Est-ce

Est-ce effroi ? Je ne puis décider lequel des deux. Si je parviens seulement à la surprendre, avant que sa défiance.....

Mes jambes tremblantes ! Mes genoux, naturellement si fermes, qui heurtent l'un contre l'autre ! Ces mains, qui ont deja refusé deux fois de conduire ma plume, & qui me font des lignes si tortues, ne me manqueront-elles pas tantôt dans l'instant decisif ?

Encore une fois, d'où peuvent venir toutes ces convulsions ? Assurément, mon entreprise ne doit point aboutir au mariage !

Mais les consequences peuvent être plus graves que je ne l'ai pensé jusqu'aujourd'hui. La destinée de ma chere Clarisse, ou la mienne, peut dépendre du succès de ces deux heures. Je crois que j'abandonnerai mon projet. Il faut que je relise encore une fois la lettre de mon ami Belford. Tu auras beau jeu, ma Charmante. Je vais relire tout ce que ton Avocat a pu dire en ta faveur. De foibles raisons pourront suffire dans la situation où je suis.

LETTRE CCVI.

M. LOVELACE, à M. BELFORD.

Jeudi, 8 de Juin, à cinq heures du matin.

C'Est à présent que ma réformation est assurée. Jamais, jamais, je n'aimerai d'autre femme. Laisse-moi respirer. Ne me presse pas de mettre sous tes yeux ce qui demande de l'ordre dans les évenemens, de la force dans les peintures, & une admiration éternelle pour chaque trait, c'est-à-dire, pour les moindres circonstances.

N'as-tu pas remarqué la consternation où j'étois hier au soir en finissant ma dernière lettre, lorsque j'eus quitté la plume pour relire la tienne, dans la vûe de me détourner moi-même du dessein de troubler ma Belle par un reveil terrible? De quoi crois-tu qu'il fût question? Je vais te l'apprendre.

Un peu après deux heures, lorsque toute la maison étoit endormie, ou qu'elle feignoit de l'être ; ma Clarisse dans son lit, entre les bras du sommeil ;

moi-même , en robbe de chambre depuis
plus d'une heure , quoiqu'à la verité la
plume à la main pour t'obliger ; j'ai été
allarmé par le bruit de plufieurs perfonnes qui marchoient au-deffus de ma tête,
& par celui d'un mélange de voix , les
unes plus hautes , les autres plus baffes,
mais qui fembloient fe faire des reproches entre - elles , & s'entre - demander
du fecours. Tandis que j'en cherchois la
caufe avec étonnement , Dorcas fe pré-
cipitant pour defcendre eft venue crier
à ma porte , d'une voix fourde , & plus
horrible par cet accent fepulcral qu'elle
ne l'auroit été par l'éclat, au feu ! au feu !
au feu ! Mon allarme en eft devenue d'autant plus vive , que cette fille paroiffoit
vouloir crier plus haut fans le pouvoir.
La plume m'eft tombée des mains ; j'ai
failli de renverfer ma table , pour me
lever ; & ne faifant que trois pas jufqu'à
la porte , j'ai ouvert , j'ai crié , où ? où !
ou ? prefque auffi effraié que Dorcas.
Elle étoit a demi deshabillée , fon cor-
fet dans une main ; &, fans avoir la force
d'articuler fes mots , de l'autre elle m'a
montré le fecond étage.

J'y ai volé auffitôt , & j'ai trouvé que
tout le mal venoit de la négligence de
notre Cuifiniére , qui aiant paffé une

partie de la nuit à lire un Conte des Fées, avoit mis le feu en se couchant à une vieille paire de rideaux de toile des Indes. Dans sa fraieur, elle avoit eu la présence d'esprit de les arracher ; & tout en flammes, comme ils étoient, elle venoit de les jetter dans la cheminée lorsque je suis entré dans sa chambre ; de sorte, que j'ai eu la satisfaction d'arriver après le danger.

En même tems, Dorcas, après m'avoir montré le siége de l'incendie, ne sachant point que le peril fût passé, & s'attendant à voir la maison reduite en cendre, par un tendre mouvement d'affection pour sa Maîtresse (ce zèle me la fera aimer toute sa vie) a couru vers sa porte. Elle a frappé rudement. Elle s'est écriée d'une voix renaissante & aussi vive que son affection, au feu ! au feu ! La maison est en feu. Levez-vous, Madame ! levez-vous promptement, si vous ne voulez pas être brûlée dans votre lit !

A peine avoit-elle proferé ces terribles cris, que j'ai entendu tirer les verroux & les barres, tourner la clé, ouvrir la porte de sa Maîtresse ; & je n'ai pas distingué moins clairement la voix de ma Charmante, dont le son paroissoit celui d'une personne prête à s'évanouir. Vous pouvez juger combien j'ai été touché. J'ai fremi d'inquiétude pour elle. J'ai volé plus legerement que je n'avois fait à la premiére nouvelle du feu, pour l'affurer qu'il ne reftoit rien à craindre.

En arrivant à la porte de la chambre, j'y ai trouvé la plus charmante de toutes les femmes, appuiée fur le bras de Dorcas, foupirant, tremblant, prête à tomber fans connoiffance; n'aiant fur elle qu'un petit juppon, le fein à demi découvert, & les pieds nuds dans fes mules. Auffitôt qu'elle m'a vûe, elle s'eft efforcée de parler; mais elle n'a pû prononcer que mon nom.... O M. Lovelace! & je l'ai crue ménacée de tomber à mes pieds.

Je l'ai prife dans mes bras, avec une ardeur que je ne lui avois point encore fait fentir. Ma très-chere vie! lui ai je dit, foiez fans crainte : je fuis monté ; le danger n'eft plus rien, le feu eft prefque éteint. Imprudente Dorcas, comment avez - vous été capable d'effraier mon Ange jufqu'à ce point, par vos hideufes exclamations?

Ah! Belford! quels charmes dans le mouvement de fon fein, tandis que je la tenois ferrée contre le mien ! Je diftin-

guois jufqu'aux battement de fon cœur; &
pendant quelques minutes, j'ai continué
d'appréhender pour elle une attaque de
convulfions. Dans la crainte qu'elle ne
s'enrumât, nue comme elle étoit, je l'ai
portée fur fon lit, & je me fuis affis près
d'elle, m'efforçant, par la tendreffe de
mes expreffions & par mes careffes
paffionnées, de diffiper fes terreurs. Mais
qu'a produit le généreux foin que j'avois
pris d'elle, & le bonheur de lui avoir fait
rappeller fes efprits ? Rien, rien de la
part d'une ingrate, excepté de la colère
& des emportemens. Nous avions deja
perdu tous deux le fouvenir du terrible
danger qui l'avoit jettée entre mes bras;
moi, du tranfport de ma joie ; elle
de celui de fa fraïeur, en fentant un de
mes bras paffé autour d'elle, & me
voiant affis fur le bord de fon lit.

Ici, Belford, rappelle-toi un peu la diftance où ma vigilante Déeffe m'avoit toujours tenu d'elle. Rappelle-toi mon amour
& mes fouffrances. Rappelle-toi toutes fes
referves, & depuis combien de tems
j'obfervois l'occafion de la furprendre.
Songe au refpect que fa froide vertu &
fes excès de modeftie m'avoient infpiré.
Songe enfin que jamais je n'avois été fi
heureux avec elle ; & figure-toi, là-def-

fus, quelle a dû être l'impétuofité de mes defirs dans ce fortuné moment. Cependant, j'ai eu la force d'être décent, d'être généreux, du moins à mon propre compte ; & je me fuis tenu à de vagues expreffions d'amour, dictées à la vérité par la plus tendre & la plus ardente paffion dont le cœur d'un mortel ait jamais brûlé.

Mais loin d'en être touchée, quoiqu'elle fe vît avec l'homme dont elle avoit reconnu depuis fi peu de tems que les foins ne lui déplaifoient pas, & qu'elle avoit quitté avec tant de fatisfaction une heure ou deux auparavant, je n'ai jamais vû de douleur plus amere & plus touchante que la fienne, lorfqu'elle eft revenue tout à fait à elle-même. Elle a invoqué le fecours du Ciel contre ma trahifon ; c'eft le nom qu'elle a donné à mon amour : tandis que moi, avec les fermens les plus folemnels, j'ai protefté que ma fraïeur avoit égalé la fienne, & que la caufe de nos allarmes communes avoit été réelle. Elle m'a conjuré dans les termes les plus forts & les plus attendriffans, avec un mélange de foupirs & de ménaces, de quitter fa chambre & de lui permettre de fe cacher à la lumière & à tous les regards humains.

Je lui ai demandé pardon ; mais je n'ai pu me défendre de l'offenser ; & je lui ai juré plusieurs fois que le jour suivant seroit celui de notre mariage. Elle a regardé apparemment ce langage, comme une marque que je pensois à ne plus garder de menagement. Elle n'a voulu rien entendre, & redoublant ses efforts pour s'arracher de mes bras, avec des reproches interrompus & les plus violentes exclamations, elle a protesté qu'elle ne survivroit pas à ce qu'elle a nommé un traitement si lâche & si infâme. Jettant mêmes des yeux égarés autour d'elle, comme pour chercher quelque secours à son desespoir, elle a decouvert une paire de cizeaux fort pointus, sur une chaise peu éloignée de son lit ; elle a fait ses efforts pour les prendre, dans le dessein d'exécuter sur le champ sa funeste resolution.

La vûe d'une si furieuse agitation m'a contenu. Je l'ai suppliée de se rassurer, & de m'écouter un moment, en lui déclarant, que je ne pensois point à blesser son honneur. Je me suis saisi des cizeaux, & je les ai jettés dans la cheminée. Enfin, comme elle me conjuroit ardemment de m'éloigner, j'ai consenti à lui laisser prendre une chaise.

Mais quel spectacle cette nouvelle situation m'a-t'elle offert ? Ses bras & ses épaules nuds ! ses mains croisées sur sa poitrine, sans en pouvoir cacher la moitié ! un court manteau de lit qui ne me déroboit presque rien, ses jambes & ses pieds ouvertement en proie à mes regards ! A la vérité, les siens sembloient ne respirer que la vangeance ; & ses levres repondant à peine aux mouvemens de son indignation, elle faisoit des sermens entrecoupés de ne me pardonner jamais. Mais crois-tu, Belford, qu'animé par cette vûe & picqué à mon tour par ses ménaces, il m'ait été possible de me modérer longtems ? Je l'ai prise encore une fois dans mes bras. Je l'ai serrée avec un nouveau transport Quand je considére sa délicatesse, j'admire d'où lui est venu tant de force. Elle s'est débattue si furieusement, que je n'ai pas eu besoin d'autre preuve pour m'assurer que sa colère étoit serieuse. J'ai eu plus de peine à la retenir que je ne puis te le représenter, & je n'ai pû l'empscher à la fin de glisser d'entre mes bras, pour tomber à genoux. Là , dans l'amertume de son cœur, les yeux attachés sur les miens, les mains levées, les cheveux épars (car sa coeffure de nuit étant tom-

bée dans le débat, sa charmante che-
velure s'étoit déploiée en boucles natu-
relles, comme pour cacher officieufe-
ment les beautés de fon cou & de fes
épaules), le fein agité par la violence
de fes foupirs & de fes fanglots, comme
pour aider fes levres tremblantes à plai-
der pour elle ; là, dans cette humble
pofture, après avoir fait un effort fur fa
douleur pour retrouver le pouvoir de parler, elle a imploré ma compaffion &
mon honneur, avec cette force d'ex-
preffion qui diftingue cette admirable
fille, dans fon langage, de toutes les
femmes que j'ai jamais entendues. Regardez-moi, cher Lovelace, (ce font
fes propres termes) je vous fupplie à
genoux de me regarder comme une
malheureufe créature, qui n'a que vous
pour protecteur, qui n'a que votre honneur pour défenfe ! Par cet honneur,
par votre humanité, par tous les fermens que vous m'avez faits, je vous
conjure de ne me pas rendre un objet
d'horreur à moi même, & pour jamais
méprifable à mes propres yeux.

Je lui ai parlé de demain, comme du
plus heureux jour de ma vie.

Ah ! demain. Non non, a-t'elle repris ;
fi vos vûes font honorables, c'eft à pré-

Pasquier in.   L. Legrand

fent, c'eſt à l'inſtant, qu'il faut le prouver en ſortant d'ici. Jamais, jamais, dans
la plus longue vie, vous ne pouvez reparer
ce que vous me faites ſouffrir.

Inſolent ! Miſérable ! Infame ! .....
s'eſt elle écriée tout d'un coup. Oui,
elle a eu l'audace de m'appeller infame,
quoique livrée actuellement à mon pouvoir. Et pourquoi ? Par ceque ne pouvant reſiſter au charmant ſpectacle que
j'avois devant les yeux, j'ai ſaiſi ſa tête
de mes deux mains, & dans le même
tranſport j'ai baiſé ſucceſſivement ſon
cou, ſes levres, ſes joues, ſon front & ſes
yeux baignés de larmes, à meſure que
cet aſſemblage de beautés s'offroit à ma
vûe. Si je ſuis un infame, lui ai-je dit en
même tems, ſi je ſuis un infame.... & ,
ma main devenant plus hardie..... Je
me flatte néanmoins de ne l'avoir pas
portée trop rudement ſur un ſein ſi délicat..... ſi je ſuis un infame.....

Elle a déchiré ma manchette, elle
s'eſt arrachée de mon heureuſe main,
avec une force & une agilité ſurprenan-
te, dans le moment que je voulois paſſer
l'autre bras autour d'elle..... Oui un
infame, a-t'elle repété, & le plus infame de tous les hommes ? O ſecours ! O
ſecours ! s'eſt-elle miſe à crier d'une voix

lamentable ; Anges du Ciel ! Charitables
gens de la maison! N'y a-t'il pas de fecours
à efpérer pour une malheureufe !

Cette refiftance ne faifoit qu'irriter
mes tranfports. Je fuis donc un infame ,
Mademoifelle ? Suis-je un infame , dites-vous ? & paffant les deux bras autour
d'elle , je l'ai foulevée jufqu'a mon cœur,
dont je ne pouvois contenir l'agitation.
Ah non, non, vous êtes . . . . & fe repré-
nant , mais, n'êtes-vous pas . . . . . Cependant elle eft revenue à me nommer
fon cher Lovelace. Ses deux mains
étoient moins occupées à fe défendre
qu'à couvrir fon fein. Tuez - moi , m'a-
t'elle dit d'un air égaré , tuez moi , fi je
fuis affez odieufe à vos yeux pour meriter ce traitement : j'aurai des graces à
vous rendre. Depuis trop longtems la
vie n'eft qu'un fardeau pour moi : ou
(jettant un regard farouche autour d'elle)
donnez moi feulement les moiens , & je
vais vous convaincre fur le champ que
mon honneur m'eft plus cher que la vie.
Enfuite , les mains toujours croifées fur
fa poitrine , & fes larmes coulant comme
deux ruiffeaux , elle m'a nommé encore
une fois fon cher Lovelace ; elle m'a promis de me remercier jufqu'à fon dernier
foupir, fi je voulois lui accorder ce qu'elle

me demandoit. ou lui épargner de nouvelles indignités.

Je me fuis affis ; je fuis demeuré quelques momens fufpendu. Ce n'eft point une femme, me fuis-je dit à moi même, c'eft un Ange que je tiens & que je preffe dans mes bras ; car je la tenois encore dans l'état où je l'avois levée. Mais elle m'eft encore échappée , pour retomber auffitôt à genoux. Voiez , M. Lovelace..... grand - Dieu ! faut - il que je vive pour éprouver ce barbare traîtement ! voiez à vos pieds une infortunée qui implore votre pitié , & qui pour l'amour de vous eft abandonnée de tout le monde ! Ah ! n'accompliffez pas l'horrible malediction de mon pere ! N'en foiez pas l'inftrument comme vous en avez été la caufe ! Epargnez-moi ! Epargnez-moi , je vous en conjure ! Comment ai-je merité que vous me traitiez avec cette barbarie ? Pour vous-même ! pour votre propre intérêt, fi ce n'eft pas pour celui de mon honneur & de ma vie! comme vous fouhaitez que le Tout-Puiffant ait pitié de vous à votre dernière heure ! laiffez-vous toucher par mes invocations & par mes larmes.

Un cœur d'acier auroit été pénétré. J'ai voulu aider plus doucement cette

chere suppliante à se lever. Elle n'a pas
voulu quitter sa posture, si je ne l'assu-
rois, m'a-t'elle dit, que je me rendois à
sa prière, &, qu'elle pouvoit se lever
pour vivre innocente. La dureté m'a
manqué pour resister plus longtems. Levez-vous, fille divine, lui ai-je répondu
d'une voix alterée par ma propre émotion; soiez ce que vous êtes, & tout ce
que vous souhaitez d'être. Mais assurez-
moi vous-même que vous me pardonnez
tout ce qui s'est passé, & dites-moi que
vous continuerez de me regarder du
même air de faveur & de satisfaction qui
a fait mon bonheur depuis quelques jours.
A cette condition, je me soumets à mon
cher Tiran, dont l'empire n'a jamais eu
tant de force sur moi que dans cet instant, & je vous laisse libre aussitôt.

Puisse Dieu tout puissant, m'a-t'elle
dit d'un ton passionné, en levant les yeux
au Ciel avec un regard attendri, écouter vos prières dans vos plus facheux momens, comme vous avez écouté les
miennes! Laissez-moi donc à présent.
Retirez-vous. Laissez-moi à mes propres reflexions. Ce sera me laisser assez
de tourment, & plus que vous n'en devez souhaiter à vos plus cruels ennemis.
Ne me soupçonnez pas d'un dessein

prémedité , ma très-chere Clariffe. Tout
eft arrivé fans avoir été prévû.

Ah ! M. Lovelace ! en pouffant un
profond foupir.

En verité , Madame , le feu étoit
réel. (Il l'étoit en effet , Belford) Toute la maifon étoit ménacée d'être reduite en cendre , comme vous en ferez
convaincue ce matin par vos propres
yeux.

Ah ! M. Lovelace !

Que l'excès de ma paffion , Madame , & le bonheur que j'ai eu de vous
rencontrer à la porte de votre chambre
dans une attitude fi charmante . . . . .

Laiffez moi , laiffez-moi fur le champ !
Je vous conjure de me laiffer ; jettant un
œil diftrait & confus , tantôt autour
d'elle , tantôt fur elle-même.

Pardonnez-moi , très-chere Clariffe ,
d'innocentes libertés , que l'excès de
votre délicateffe vous fait trouver offen-
centes.

Ah ! laiffez-moi , laiffez-moi ; fe regardant encore , & regardant autour
d'elle avec une douce confufion. Sortez ,
fortez : & fe remettant à pleurer , elle a
fait tous fes efforts pour retirer fes mains,
que je n'avois pas ceffé de tenir dans les
miennes. Que de nouveaux charmes ,

à préfent que je me les retrace, cette agitation donnoit à chaque partie, à chaque trait du plus beau corps du monde !

Je ne puis fortir, lui ai-je répondu, je ne fortirai point fi vous ne prononcez mon pardon. Dites feulement que vous me pardonnez. Dites, ma très-chere vie !

Au nom du Ciel, fortez. Laiffez-moi le tems de penfer à ce que je puis, à ce que je dois.

Ce n'eft point affez, mon cher amour. Il faut me dire que je fuis pardonné ; que vous me verrez demain , comme s'il n'étoit queftion de rien. Alors je l'ai reprife dans mes bras, efpérant au fonds qu'elle s'obftineroit à me refufer. Mais elle s'eft hâtée de repondre : hé-bien, je vous pardonne, Miférable que vous êtes !

Quoi ? chere Clariffe ! C'eft avec cette repugnance, avec un mélange de reproche, que vous m'accordez la grace que je vous demande, lorfque je ferois le Maître. ... & j'ai recommencé à la ferer contre mon fein.

Hé-bien je vous pardonne.

Du fond du cœur ?

Oui , du fond du cœur.

Et librement ?

Librement.

Et me regarderez-vous demain comme s'il n'étoit rien arrivé ?

Oui, oui.

Ce ton, chere Clarisse, me rend l'intention suspecte. Dites-moi que vous me le promettez sur votre honneur.

Eh-bien ; sur mon honneur. Sortez donc à présent ; sortez, & que jamais....

Que veut dire ce jamais, ma chere vie ? Est-ce-là pardonner ?

Que jamais, a-t-elle repris, cette cruelle scéne ne soit rappellée.

J'ai insisté sur un baiser, pour sceller mon pardon ; & je me suis retiré comme une veritable duppe, ou, si tu veux, comme le jouet d'une femme. Je me suis retiré d'assez mauvaise humeur. T'attendois-tu à cette conclusion ?

Mais je ne me suis pas plutôt vû dans mon appartement, que réflechissant à l'occasion que je venois de perdre, considérant que je n'avois fait qu'augmenter mes propres difficultés & m'exposer à la raillerie des femmes de la maison, qui me reprocheroient une foiblesse si éloignée de mon caractère, je me suis repenti de ma folle pitié, & je suis retourné promptement sur mes pas, dans l'efpèrance que le trouble où je l'avois laiffée ne lui auroit pas permis de fermer fitôt fa porte, & refolu d'exécuter tous mes projets, quelles qu'en puffent être les fuites. J'ai pouffé l'offenfe affez loin, difois-je en moi-même, pour douter qu'elle m'ait pardonné de bonne foi ; & de quelque excès qu'elle foit capable dans fon défefpoir, ma dernière reffource fera le mariage pour l'appaifer.

Le Ciel m'a puni. J'ai trouvé fa porte fermée. Cependant, comme je l'entendois pouffer des foupirs & des fanglots fort violens ; chere Clariffe, lui ai-je dit, en frappant doucement à fa porte, j'ai deux mots à vous dire, les plus agréables que vous aiez jamais attendus de moi. Permettez que je vous parle un inftant.

Elle s'eft mife en mouvement pour venir à la porte. Je me fuis flatté qu'elle alloit ouvrir, & mon cœur a fauté de joie dans cette efpérance. Mais elle n'a fait que pouffer un autre verrou, pour rendre la barrière plus fure ; & foit qu'elle n'ait pas eu la force ou la volonté de repondre, elle s'eft retirée au fond de fon appartement. J'ai repris le chemin du mien, auffi mécontent de moi-même que tu peus te l'imaginer.

Telle étoit ma mine. Tel étoit mon complôt. Et tel est malheureusement tout le fruit que j'en ai tiré.

Je l'aime plus éperdument que jamais. Eh ! comment pourrois-je m'en défendre ? cette avanture m'a fait découvrir mille nouveaux sujets d'extravagance & d'idolatrie. Ah ! Belford , Clarisse est un composé de toutes les perfections. Je la crois mortellement offensée ; mais ne vois-tu pas que j'ai , pour obtenir grace , un titre que tout le monde m'a refusé jusqu'aujourd'hui ! Je veux dire, un fond réel de sensibilité pour les prières & pour les larmes. Où étoit, dans cette occasion, le *ealus* , la cuirasse d'acier , dont on prétend que j'ai le cœur armé ? C'est à la verité le prémier exemple de cette nature, qu'on puisse nommer dans l'histoire de ma vie. M'en demandes-tu la raison ? C'est que je n'ai jamais trouvé de résistance si serieuse, ni d'obstacles qui meritent si bien le nom d'invincibles. Quel triomphe son sexe obtient , dans mes idées , par une si belle défense !

A présent , Belford , si ma Charmante peut me pardonner..... Que dis je , si elle le peut ? Elle le doit. Ne l'a-t'elle pas deja fait sur son honneur ? Mon embarras est de savoir comment la chere

petite perfonne remplira cette partie de
fa promeffe qui l'oblige de me voir demain , comme s'il n'étoit rien arrivé
pendant la nuit. Je me figure, qu'elle
donneroit le monde entier, pour être quitte
de notre premiére entre-vûe. Le meilleur parti pour elle n'eft pas d'en venir
aux reproches. Cependant , pourquoi
lui donnerois-je ce confeil? La charmante
occafion qu'elle m'offriroit ! Qu'elle
manque à fa parole. Je lui en fouhaiterois l'audace. Il lui eft impoffible de
fuir. La voie de l'appel eft fermée hors de
mon Tribunal. Quels amis lui refte-t'il
dans le monde , fi ma compaffion ne fe
déclare point en fa faveur ? Dailleurs le
digne Capitaine Tomlinfon & l'oncle
Jules fauront tout réparer ; de quelque
nouvelle offenfe que je puiffe me rendre
coupable.

A l'égard de tes craintes fur quelque emportement qui pourroit lui faire
tourner fa fureur contre elle-même , j'i-
gnore de quoi elle auroit été capable fi les
cizeaux ou quelque autre inftrument
s'étoient trouvés fous fa main ; mais j'ofe
dire que de fang froid , il n'y a rien de
cette nature à craindre d'elle. Un galant
homme n'a que trop de peine avec ces
vertueufes filles ; car je commence à

croire qu'il s'en trouve au monde. Il faut bien qu'il y ait quelque chofe fur quoi il puiffe fe repofer ; c'eft l'attache-ment même qu'elles ont pour leurs prin-cipes. En un mot, je n'appréhende pour celle-ci que la force de fa douleur. Mais c'eft un mal, comme tu fais, donc l'ac-tion eft affez lente, & qui laiffe place à de petits accès de joie dans les intervalles.

LETTRE CCVII.

M. LOVELACE, à M. BELFORD.

Jeudi, à 8 heures du matin.

SA chambre n'eft point encore ou-verte. Je ne dois pas m'attendre qu'elle dejeune avec moi ; ni même ap-paremment qu'elle y dîne. Petite capri-cieufe ! Combien de peine elle fe caufe, par fes excès de délicateffe ? Toute autre femme n'auroit fait que rire de ce qui s'eft paffé entre-elle & moi. L'idée qu'elle s'en forme ne fert qu'à nous tourmenter tous deux. Qu'en penfes-tu, Belford ? S'il eft vrai qu'elle foit faché, ne feroit-elle pas mieux, dans fes propres principes, de ne pas marquer tout le chagrin qu'elle affecte ?

Mais qui fait fi mes craintes ne vont pas trop loin ? Je le croirois volontiers. Elles viennent plutôt de fon exceffive delicateffe, que d'aucun jufte fujet de reffentiment. La premiére fois, peut-être, elle s'eftimera fort heureufe s'il ne lui arrive rien de pis.

La chere perfonne a été fi fatiguée, fi effraiée cette nuit, qu'il n'eft pas furprenant qu'elle demeure un peu plus longtems au lit. Je fouhaite qu'elle y ait trouvé plus de repos que moi, & qu'un fommeil doux & paifible l'ait difpofée à me recevoir un peu plus tranquillement. Je la vois d'avance ; une douce rougeur, un air de confufion. Mais pourquoi de la confufion dans celle qui fouffre, tandis que l'offenfeur en reffent fi peu ? Effet prodigieux de l'habitude ! On apprend aux femmes que la rougeur releve leurs graces. Elles fe forment à rougir. C'eft un art, qui leur devient auffi facile que celui des larmes. Oui, l'explication me plaît affez : tandis que nous autres hommes, prenant la rougeur, entre nous, pour une marque de mauvaife confcience ou de timidité, nous n'apportons pas moins d'étude à nous en défendre.

Par ma foi, Belford, je fuis prefque auffi confus de reparoître àux yeux des femmes de cette maifon, que ma Clariffe peut l'être de fe préfenter aux miens. Je n'ai point encore ouvert ma porte, dans la crainte qu'elles ne viennent fondre fur moi. De quel degré de corruption ce fexe n'eft-il pas capable ? & quelle doit être celle de deux filles, qui aiant eu pour un homme autant de paffion que Polly & Sally en ont eu pour moi, ont pû devenir affez infenfibles aux tourmens de la jaloufie, à la mortification de partager ce qu'on aime avec de nouveaux objets, pour fouhaiter qu'il leur donne une rivale, & pour faire leur plaifir fuprême de voir d'autres femmes reduites à leur niveau ? Tu ne faurois te repréfenter combien Sally même fe rejouilloit cette nuit, de la feule penfée que l'heure de Clariffe approchoit.

A dix heures.

De ma vie, je n'ai rien désiré avec
tant d'impatience que de voir ma Charmante. On croit avoir entendu quelque
mouvement dans a chambre.

Dorcas vient de frapper à sa porte,
pour lui demander ses ordres. La reponse,
c'est qu'on n'a pas d'ordre à lui donner.
Elle a demandé à quelle heure le déjeuner doit être prêt. La proposition est
refusée, d'une voix basse & chagrine. J'y
vais moi-même.

J'ai frappé trois fois à la porte, sans
avoir obtenu la moindre reponse. Très-
chere Clarisse, ai-je dit enfin, permettez
que je m'informe de votre santé. On ne
vous a pas vûe d'aujourd'hui. Je suis impatient de savoir comment vous vous
portez.

Pas un mot. Mais j'ai crû entendre
un profond soupir.

Je vous demande en grace, Madame, de monter avec moi au second
étage.

étage. Vous verrez, avec joie, de quel danger nous sommes heureusement échappés.

Très-heureusement en effet, Belford; car le feu à laissé des traces effraiantes.

Vous ne me repondez pas, Madame! Suis-je indigne d'une parole ? Est - ce ainsi que vous tenez votre promesse? Ne m'accorderez-vous pas, pendant quelques minutes, l'honneur de votre compagnie dans la salle à manger ?

Elle a toussé, elle a poussé un soupir; c'est toute sa reponse.

Apprenez-moi dumoins l'état de votre santé. Dites-moi que vous vous portez bien. Est ce-là ce pardon, qui devoit être le prix de mon obeissance ?

Alors, d'une voix foible, mais irritée, elle m'a pressé de quitter sa porte ; & sa chaleur croissant à chaque mot, elle m'a donné les noms de misérable, d'inhumain, de barbare, & de tout ce qu'il y a de lâche & de perfide au monde. Quittez ma porte, a t'elle repêté ; & n'insultez-pas une malheureuse personne, à qui vous deviez de la protection plutôt que des outrages.

Voilà donc, Madame, ai - je repondu sans me plaindre de ses injures, le fond que j'ai à faire sur vos promesses !

Si les mouvemens imprévus , fi les effets du hazard ne peuvent être pardonnés.....

Ici , elle s'eſt écriée : O terrible malediction d'un pere ! Je ſuis donc ménacée de te voir accomplir à la lettre ! Sa voix ſe perdant alors dans un murmure qui ne paroiſſoit point articulé , j'ai eu la curioſité de regarder par le trou de la ſerrure : je l'ai vûe à genoux , le viſage & les bras levés vers le Ciel , les mains étendues , implorant ſans doute le ſecours d'en haut. Je n'ai pû me défendre de quelque émotion.

Ma très-chere vie , ai-je repris d'un ton plus tendre , accordez-moi quelques momens d'entretien: confirmez le pardon que vous m'avez promis ; & puiſſe la foudre m'écraſer à l'inſtant , ſi je vous laiſſe quelque doute ſur la ſincèrité de mon repentir. Je vous quitterai enſuite pour tout le jour ; & demain, je ne me préſenterai à vous qu'avec les articles prêts à ſigner, & la permiſſion obtenue ; ou , ſi je ne l'obtiens point , avec un Miniſtre qui nous en tiendra lieu. Daignez me croire une fois. Lorſque vous aurez vû la réalité du danger , qui eſt devenu la malheureuſe occaſion de votre reſſentiment , vous jugerez moins mal de moi. Enfin , je vous conjure d'exécuter votre promesse, à laquelle vous me permettrez de dire, que je me suis fié assez généreusement.

Je ne puis vous voir, m'a-t'on repondu ; & plût au Ciel, que je ne vous eusse jamais vû ! Si je vous écris, c'est tout ce que je suis capable de prendre sur moi.

Que votre lettre, ma chere vie, soit donc une confirmation de votre promesse. Je me retire dans cette espèrance.

Elle vient de sonner pour Dorcas.

Elle n'a fait qu'entrouvrir sa porte ; & la tenant d'une main, elle a passé le bras pour donner sa lettre à Dorcas. J'ai demandé, à cette fille, dans quel état elle l'avoit trouvée. Vêtue, m'a t'elle dit, detournant le visage, & ne pouvant retenir ses soupirs. Adorable créature ! j'ai baisé le pain à cacheter de sa lettre, qui étoit encore humide. Voici ce qu'elle contient, mais sans adresse, sans *Monsieur* ou M. Lovelace.

» Je ne puis vous voir ; & je ne vous
» verrai pas, si je n'y suis forcée. Il n'y
» a point de termes qui puissent expri-
» mer la douleur que je ressens de votre

» baſſeſſe & de votre ingratitude. Mal-
» heureuſement pour moi, les circonſ-
» tances ne me permettent d'eſpérer que
» par vous le moien de me reconcilier
» avec ceux qui auroient été mes pro-
» tecteurs naturels contre de tels outra-
» ges ; ce motif eſt le ſeul qui puiſſe me
» retenir un moment de plus dans cette
» maiſon. Mais ſi j'ai quelque relation
» avec vous, ce ne ſera plus que par
» écrit. Vous êtes le plus vil & le plus
» déteſtable de tous les hommes. Par où
» ai-je mérité vos indignes traitemens ?
» N'en parlons plus : mais, pour votre
» propre intérêt, ne ſouhaitez pas de
» me voir d'une ſemaine entiere.

Ainſi, Belford, tu comprens que j'ai beaucoup d'obligation à l'hiſtoire de Tomlinſon & de l'oncle. Dans quel joli embarras je me ſuis jetté moi-même ! Si Ceſar eût été auſſi fou, il n'auroit jamais paſſé le Rubicon. Mais, après l'avoir paſſé, s'il eût pris le parti de la retraite, intimidé par un Edit du Senat, la belle figure qu'il auroit faite dans l'hiſtoire ! Je ne devois pas ignorer que l'entreprise d'un vol mérite d'être punie comme le vol même.

Mais ne la pas voir d'une ſemaine entière ! Chere petite perſonne ! N'admires-

tu pas comme elle me prévient sur chaque
article ? Le contrat est achevé , prêt à
signer ; demain, ou le jour d'après au
plus tard. La permission avec le ministre,
ou le Ministre sans la permission, ne sont
pas moins surs dans l'espace de vingt-
quatre heures. Les arrangemens de Pritchard ne se feront point attendre. Tomlinson ne demande qu'à paroître , avec
une reponse favorable de M. Jules Harlove. Cependant ne la pas voir d'une semaine entière ! Ce cher amour ! Son bon
Ange l'auroit-il quittée pour une semaine ? C'est ce qu'elle craint peut-être.
Mais que servent les craintes ? Apprens
ma Charmante , qu'avant la fin de ta
semaine , je suis bien trompé si je n'a-
cheve mon triomphe.

Ce qui me chagrine le plus, c'est qu'une
si excellente fille s'expose à manquer de
parole. Fi , fi. Mais je considére
que personne n'est absolument parfait.
L'erreur est une foiblesse humaine, pour-
vû qu'on n'y persevére pas : & je me flatte
que ma Charmante ne peut rien avoir
d'inhumain.

LETTRE CCXI.

M. LOVELACE, à M. BELFORD.

Aux armes du Roi, dans Pallmall (*)
Jeudi, après-midi.

AVant mon départ, nous nous sommes écrit plusieurs billets par l'entremise de Dorcas ; ce qui m'a autorisé à mettre son nom de mariage pour adresse. Elle a refusé d'ouvrir la porte pour recevoir les miens, dans la crainte apparemment que je n'y fusse moi-même. Dorcas s'est vûe forcée de les faire passer sous la porte, & de recevoir les siens par la même voie. Je les ai fait copier pour ton amusement. Tu peux les lire ici, si tu veux.

A Madame LOVELACE.

En verité, ma très chere vie, vous poussez le ressentiment trop loin. Les femmes de la maison nous supposent

(*) Noms d'une auberge & d'une rue de Londres.

mariés. Que penseront elles d'une fi
étrange délicatesse ? Mes libertés ne font
elles pas innocentes ? L'occasion n'est-
elle pas venue du hazard ? songez que
c'est vous exposer vous même. Jusqu'à
présent elle ignorent ce qui s'est passé :
& que s'est-il passé, en effet, pour justifier
une si vive colère ? Je suis sûr que vous
ne voudriez pas me donner sujet, en
manquant à votre promesse, de conclure
qu'il ne pouvoit m'arriver rien de plus
fâcheux si j'avois refusé de vous obéir.

Je me repens, de bonne foi, d'avoir blessé
votre délicatesse. Mais un incident si peu
prévû doit-il m'attirer des noms si choc-
quans ? Le plus vil & le plus détestable
de tous les hommes ! ces termes font bien
durs ! & de la plume d'une personne
adorée.

Si vous preniez la peine de monter au
second, vous seriez bientôt convaincue,
que tout détestable que je suis à vos yeux,
je n'ai point eu de part à l'évenement.

Permettez que j'insiste sur la nécessité
de vous voir, pour recevoir votre avis
sur quelques-uns des points que nous trai-
tames hier au soir. Tout ce qui n'est pas
nécessaire est de trop. Je reclame le pardon que vous m'avez promis, & j'attens
la liberté de vous le demander à ge-

noux. Un quart d'heure suffira dans la salle à manger, & je vous quitte pour le reste du jour. Ne refusez pas cette grace à mon repentir. Il est aussi sincère que mes adorations.

A Monsieur LOVELACE.

Je ne vous verrai point. Je ne puis vous voir. Je n'ai point d'avis à vous donner. La Providence décidera de mon sort.

Plus je reflechis sur votre bassesse, sur votre ingrate & cruelle bassesse, plus je sens croître mon ressentiment.

Vous êtes la dernière personne du monde, dont je voulusse prendre le jugement sur ce qui passe ou ce qui ne passe pas les bornes, en matière de décence.

C'est un tourment pour moi de vous écrire. C'en est un de penser à vous. Cessez donc de me presser. Encore une fois, je ne vous verrai point. Depuis que vous m'avez rendue vile à moi-même, je compte pour rien l'opinion d'autrui.

A Madame LOVELACE.

C'est votre promesse, Madame, que je vous rappelle encore ; & je vous demande la permiſſion de vous dire que j'inſiſte ſur ſon exécution. Souvenez-vous, très-chere Clariſſe, qu'une faute n'eſt pas juſtifiée par l'exemple. C'eſt manquer de délicateſſe que de la pouſſer à l'excès. Je ne puis rien me reprocher, qui merite un reſſentiment ſi vif. Il eſt vrai que la violence de ma paſſion peut m'avoir emporté au-delà des bornes ; mais, s'il m'eſt permis de le faire valoir, l'empire que j'ai pris ſur moi, pour vous obéir, merite un peu de conſidération.

Vous me defendez de paroître devant vous, pendant toute une ſemaine. Si vous ne me pardonnez point avant le retour du Capitaine Tomlinſon, qu'aurai-je à lui dire ?

Je vous demande, encore une fois, un moment d'entretien dans la Salle à manger. En verité, Madame, il eſt néceſſaire que je vous voie. J'ai beſoin de vous conſulter ſur la permiſſion Eccleſiaſtique & ſur d'autres points de la même importance. Comment les expliquer au travers d'une porte, lorſque les femmes de la maiſon nous croient mariés ?

Au nom du Ciel, accordez-moi votre préſence pour quelques inſtans. Je vous laiſſe en liberté le reſte du jour.

Si je dois obtenir grace, ſuivant votre

promesse, vous vous épargnerez des peines en cessant de la différer. Vous en épargneriez de mortelles au plus affligé de tous les hommes.

A Monsieur *LOVELACE.*

Votre obstination à me chagriner ne changera rien à mes resolutions. J'ai besoin de tems, pour considérer si je ne dois pas renoncer absolument à vous. Dans la disposition ou je suis actuellement, mon sincère desir est de ne vous revoir jamais. S'il vous reste quelque ombre de faveur à vous promettre de moi, vous ne les devez qu'à mes espérances de reconciliation avec mes veritables protecteurs. Ne me parlez pas des suites. Elles ne me touchent plus. Je me hais moi-même. A qui dois-je d'autres sentimens ? Ce n'est pas à l'homme qui est capable d'avoir formé un noir complôt pour deshonorer ses propres espérances, & pour couvrir d'opprobre une fille infortunée, après lui avoir fait perdre l'estime & l'affectation de tous ses amis.

A Madame LOVELACE.

MADAME,

Je vais de ce pas à l'Officialité ; & je continuerai , fur chaque point, comme fi je n'avois pas le malheur de vous avoir déplû. L'unique réflexion fur laquelle j'infifte , c'eft que malgré la faute où je me fuis laiffé emporter par l'excès de ma paffion, l'obéïffance que j'ai eue pour vos ordres, dans un moment où peu d'hommes auroient été capables de cet effort fur eux-mêmes , m'autorife à vous demander l'exécution de cette promeffe folemnelle que vous avez accordée à ma foumiffion.

Je pars avec l'efpèrance de vous trouver, à mon retour, dans une difpofition plus favorable, & j'ofe dire plus jufte. Soit que la permiffion Eclefiaftique me foit accordée ou non, je vous demande en grace que demain foit le jour qu'il vous a plû de nommer *bientôt*. Il expiéra toutes les fautes, en me rendant le plus heureux des hommes. Les articles font prêts, ou le feront ce foir. Que le reffentiment , Madame, ne vous jette pas dans un chagrin fi peu propor-

tionné à l'offenſe. Ce ſeroit nous expoſer tous deux à l'étonnement de nos Hôteſſes , & , ce qui eſt beaucoup plus important pour nous , à celui du Capitaine
Tomlinſon. Mettons nous en état , je
vous en ſupplie , Madame , de
pouvoir l'aſſurer à ſa premiére viſite que
nous ne ſommes plus qu'un.

Comme les apparences ne me promet-
tent pas l'honneur de dîner avec vous ,
je ne reviendrai point au logis avant le
ſoir. Alors je m'attens (vos promeſſes ,
Madame , autoriſent ce terme) à
vous trouver·dans la reſolution de rendre
heureux demain par votre conſentement,
votre adorateur paſſioné ,

L O V E L A C E.

Quel plaiſir , Belford , je m'étois
promis à jouir de la douce confuſion où
je mattendois à la trouver , dans la chaleur recente de l'avanture ! Mais elle me
verra : rien ne peut la diſpenſer de me
voir , à mon retour. Il ſeroit plus avan-
tageux pour elle , & peut être pour moi,
qu'elle n'eût pas fait tant de bruit à l'occaſion de rien. Elle m'a mis dans la né-
ceſſité de nourrir ma colère , pour ne me
pas laiſſer ſurprendre par la compaſſion.

Quelque sujet qu'on ait de se plaindre, l'amour & la compassion ne se separent pas facilement ; au lieu que la colère change en ressentiment ce quideviendroit pitié sans elle. Rien ne paroît aimable dans ce qui nous déplaît entièrement.

J'avois donné ordre, à Dorcas, de lui dire, en mettant mon dernier billet sous la porte, que j'espérois un mot de réponse avant que de sortir. Elle a répondu de bouche : » dites-lui, que peu m'im- » porte s'il sort, & que je ne prens pas » plus d'intérêt à tous ses desseins. Pres- » sée encore une fois par Dorcas, elle a repété qu'elle n'avoit rien de plus à dire.

Je ne suis pas sorti sans m'être approché doucement de sa porte : je l'ai vûe par la serrure, à genoux au pied de son lit, la tête & le sein panchés sur le lit, les mains étendues, poussant des sanglots que j'entendois à cette distance, comme dans les douleurs d'une mortelle agonie. Ma foi, Belford, j'ai le cœur trop sensible à la pitié : la reflexion est mon ennemie. Divine fille ! Que nous nous sommes vus heureux pendant quelques jours ! Pourquoi ne le sommes nous plus ! Mais le cœur de Clarisse est la pureté même. Et quel plaisir, après-tout, puis-je prendre à tourmenter..... En verité, dans la difpofition où je fuis, je ne dois pas me fier à moi-même.

Pour me défennuier, en attendant ici Mowbray & Mallory, qui doivent me faire obtenir la permiffion, j'ai tiré les papiers que j'avois fur moi, & ta dernière lettre eft le prémier qui s'eft préfenté. Je t'ai fait l'honneur de la relire. Elle m'a remis, devant les yeux, le fujet fur lequel je n'ofois me fier à mes reflexion.

Je me fouviens que dans fa réponfe à mes articles, cette chere fille obferve que *la condefcendance n'eft point une baffeffe.* Qui entend mieux qu'elle à vérifier cette maxime ! Il eft certain que la condef-cendance renferme de la dignité. J'ai toujours remarqué de la dignité dans la fienne ; mais une dignité adoucie par les graces, car elle n'y a jamais mêlé d'orgueil, ni d'air infultant, ni la moin-dre affectation de fupériorité. Mifs Howe, qui la connoît mieux que perfonne, m'a toujours dit que c'étoit le fond de fon caractère.

Je pourrois lui enfeigner la conduite qu'elle auroit à prendre, pour me fixer éternellement dans fes chaînes. Elle fait qu'il lui eſt impoſſible de fuir. Elle ſait que tôt ou tard il faut qu'elle me revoie, & qu'elle ſe feroit un merite d'en avancer l'heure. Je lui paſſerois volontiers ſon reſſentiment ; non que je croie l'avoir mérité de toute autre qu'elle, pour quelques libertés innocentes, mais parce qu'il convient à ſon caractère de s'en reſſentir. Si je voiois, ſeulement, plus d'amour que d'horreur pour moi dans ſes injures ; ſi elle étoit capable de feindre, oui de feindre ſeulement, qu'elle croit le feu réel, & que tout ce qui l'a ſuivi n'eſt que l'effet du hazard ; de ſe reduire à de tendres plaintes, à quelques reproches de l'avantage que j'ai tiré de l'avoir ſurpriſe ; enfin de paroître perſuadée qu'elle n'a pas d'autres ſuites à redouter, & qu'elle peut ſe fier généreuſement à mon honneur, (le pouvoir, Belford, eſt jalou de la confiance), je crois que je prendrois le parti de finir toutes les épreuves & de la conduire à l'Autel.

Cependant, après une demarche ſi hardie, du côté de Tomlinſon & de l'oncle ; au milieu du ſuccès.... Ah ! Belford, dans quel embarras j'ai trouvé le ſecret de nous jetter tous deux. Que cette maudite averſion pour le mariage

a mis de confusion dans toutes mes vûes !
De combien de contradictions m'a-t'elle
rendu coupable ?

Avec quelle satisfaction je tourne les
yeux sur quelques jours qne je lui ai fait
passer heureusement ! Mon bonheur,
sans doute, mon propre bonheur auroit
été plus pur, si j'avois pû renoncer à
toutes mes inventions, & traîter avec
elle d'aussi bonne foi qu'elle le meritoit.

Si cet accès d'humeur me dure seulement jusqu'à demain (il s'est deja soutenu
deux heures entiéres, & je crois prendre plaisir à le fortifier) je m'imagine
que tu recevras ma visite ou que je te
presserai de me venir trouver, pour dé-
libérer avec toi sur tout ce qui se passe
dans mon cœur.

Mais je crains qu'elle ne se défie de
moi. Elle ne prendra point confiance à
mon honneur. Ici le moindre doute est
défiance. Elle ne m'aime point assez pour
me pardonner généreusement. Elle est
si supérieure à moi ! Comment puis-je
lui pardonner un merite si mortifiant
pour mon orgueil ? Elle pense, elle
sait, qu'elle est au-dessus de moi. Ne me
l'a-t'elle pas dit à moi-même ? Miss Howe
le croit aussi : & toi, mon intime, mon
fidele ami, tu es de la même opinion.

Je la crains autant que je l'aime. Comment ma fierté soutiendra-t'elle ces réflexions? Ma femme si supérieure à moi! Moi, reduit au second rang dans ma famille! M'apprendras-tu à soutenir cette idée?

Ne me dis pas qu'avec toute son excellence & ses perfections, c'est à moi, c'est à son mari qu'elle appartiendra. Erreur. Impossibilité. N'est ce pas moi qui serai à elle, plutôt qu'elle à moi? Chaque témoignage que je recevrai de sa soumission ne sera-t'il pas une veritable condescendance, un triomphe qu'elle aura remporté sur moi? Il faudra donc regarder comme une grace, qu'elle m'épargne son mépris; qu'elle supporte mes foibles; qu'elle se contente de m'humilier par un regard de compassion? c'est une fille des Harloves, qui jouira de cet ascendant sur le dernier des Lovelaces? M'en préserve le Ciel!

Mais que dis-je? n'ai-je pas sans cesse cette divine créature devant les yeux, avec tous ses charmes, avec la droiture & la pureté de son cœur? Puis-je écarter un moment l'image de cette dernière nuit; ses combats, son courage, ses cris, ses larmes, ses reproches, ses sentimens, qui repondent avec tant de grandeur & d'éclat au caractère qu'elle a soutenu depuis le berçeau ?

Que d'avantages je te donne ici sur moi ! Au fond, ne lui ai-je pas toujours rendu justice ? Pourquoi me chagrines-tu donc par ton impertinente morale ? Cependant je te pardonne, Belford ; car je suis capable de tant de générosité en amour, que je consentirois plutôt à me voir condamné de tout le monde, qu'à devenir l'occasion de la moindre tache dans le caractère de que j'aime.

Cette chere personne m'a dit un jour, qu'il y avoit un mélange surprénant dans le mien. Les deux fiéres beautés m'ont donné le nom de *Diable* & de *Belzebuth* dans leurs lettres. Je serois effectivement un Belzebuth, si je n'avois pas quelques qualités supportables.

Mais, s'il en faut croire Miss Howe, *le tems des souffrances est la saison brillante* de ma Belle. Elle n'a donc fait jusqu'a présent que briller avec moi.

Elle me traîtoit d'*infame*, il n'y a pas deux heures A quoi se reduit le fond de l'argument? Si je n'avois pas un peu merité le nom d'infame, dans le sens qu'elle donne à ce mot, elle meriteroit moins celui d'Ange.

Ah ! Belford, Belford, cette entreprife nocturne m'a rendu fou , m'a perdu fans reffource. Comment la chere perfonne peut-elle dire que je l'ai avilie à fes propres yeux , lorfque fa vertu & fon reffentiment l'ont tant exaltée aux miens?

Mais de quelle étrange rapfodie t'ai-je entretenu ? A quoi dois-je l'attribuer ? Viendroit-elle du lieu où je fuis , ou plutôt de ce que je ne fuis plus chez la Sinclair ? Mais fi cette maifon eft infectée , comment ma Charmante eft-elle échappée à la contagion ?

Je change de ftile. Il faut voir quelle fera fa conduite à mon retour.

Cependant je commence à craindre deja quelque foibleffe , quelque petite alteration ; car je fens renaître un doute ! Pour fon propre intérêt , dois-je fouhaiter qu'elle me pardonne facilement ou avec peine ?

Il y a beaucoup d'apparence que j'obtiendrai la Permiffion.

J'ai fait des réflexions plus libres fur chaque point contefté entre ma Belle & moi; & toutes mes difficultés font evanouies. Ce qui m'a déterminé fi promptement, c'eft que je crois avoir pénétré ses vûes, dans cette distance où elle prétend me tenir pendant une semaine entière. Elle veut se donner le tems d'écrire à Miss Howe, pour reveiller son maudit sistème, & se procurer les moiens de me quitter en renonçant tout à fait à moi. A présent, Belford, si je n'obtiens pas la liberté de la voir à mon retour, si je suis refusé avec hauteur, si l'on insiste sur une semaine d'absence, je croirai ma conjecture certaine; & je demeurerai convaincu que son amour du moins doit être bien foible, pour écouter une vaine delicatesse, dans le tems que les médiateurs de la reconciliation n'attendent que ses ordres : c'est l'idée qu'elle doit en avoir. Alors je me rappellerai toutes ses rigueurs & tous ses caprices, je relirai les lettres de Miss-Howe, je lâcherai la bride à mon aversion pour les entraves du mariage, & je me rendrai maître d'elle à mon gré.

Cependant je me flatte encore que ce soir, je la trouverai mieux disposée; que la ménace d'une semaine d'éloignement lui est échappée dans la chaleur de sa passion ; & qu'elle conviendra que j'ai autant de reproches à lui faire pour m'avoir manqué de parole, qu'elle croit m'en devoir pour avoir troublé la paix.

Il me revient quatre vers, qui paroissent faits exprès pour demander cette grace à l'amour. Je les repêterai devotement dans ma chaise, en retournant bientôt au logis.

LETTRE CCXII.

M. LOVELACE, à M. BELFORD.

Lundi au soir, 8 de Juin.

MAlediction ! Fureur ! Désespoir ! Ton ami est perdu, trahi, assassiné ! Clarisse a disparu ! Clarisse est partie, c'en est fait ; absolument partie !

Non, tu ne sais pas, tu ne peux concevoir les tourmens qui me déchirent le cœur ! Que faire ! Que resoudre ! O Dieu ! Dieu ! Dieu !

Et toi, Bourreau ! qui t'es efforcé d'affoiblir mes resolutions, tu t'en crois quitte pour demeurer muet & tranquille!

Mais il faut que je t'écrive, où que la fureur me fasse courir les rues. Je suis hors de moi, j'ai l'air d'un insensé depuis deux heures ; dépêchant des messagers à chaque poste, à chaque voiture, à chaque hôtellerie, à chaque maison ; avec des billets, que j'ai fait repandre à plus de cinq milles à la ronde.

Petite hipocrite ! Qui ne se seroit pas cru sur d'elle ! Ne connoissant pas une ame dans toute la Ville ! Une traitresse sans expérience ; qui m'avoit déclaré, dans son premier billet, que l'espoir d'une reconciliation avec sa famille lui ôtoit l'idée de me quitter ! Malediction sur ses artifices ! J'avois la folie d'attribuer à sa délicatesse, à sa modestie, la peine qu'elle avoit à me regarder en face, après quelques libertés innocentes ; tandis qu'impudemment, oui impudemment, toute Clarisse qu'elle est, elle cherchoit les moiens de me dérobber le plus précieux trésor dont j'eusse jamais acquis la propriété ; acquis par un penible & long esclavage, par quantité de combats contre les bêtes feroces de sa famille, mais surtout contre un *moulin à vent* (*), de vertu, dont la seule attaque m'a couté un million de parjures, & qui de ses maudites aîles m'a jetté plus d'un mille & demi au-delà de toute espérance !

O demon d'amour ! car je ne te reconnois plus pour un Dieu ; que t'ai-je fait,

(*) Allusion au combat de Dom Quichote de la Manche.

pour avoir merité cette cruelle vangeance ! N'ai - je pas toujours été l'ennemi
de la froide vertu ? Misérable Idole !
car , si tu ne feins pas de me tromper
pour me servir mieux , tu dois être sans
pouvoir ; qui flechira désormais le genou devant tes Autels ? Puissent tous les
cœurs audacieux te mépriser, te détester , renoncer à toi , comme je fais so-
lemnellement !

Mais dequoi servent mes imprécations
& mes fureurs !

Mon étonnement , c'est qu'elle ait pû
trouver le moien de fuir , tandis que
toutes les femmes de la maison avoient
entrepris de la garder. Jusqu'à présent, je
n'ai pas eu la patience de les entendre ,
ni d'en laisser paroître une devant moi.
Je suis sur d'un point ; sans lequel je ne
l'aurois pas amenée ici : c'est qu'il n'y a
personne , dans cette maison , qui puisse
être corrompu par le goût du bien ou par
les remords. Le plus grand sujet de joie
qui pût arriver à toutes ces mal'heureuses
seroît de voir cette fiére Beauté reduite à
leur niveau. Mon fripon de valet, qui
étoit aussi chargé de sa garde, est un

inſtrument ſi propre à mes vûes , qu'il ſe plaît au mal pour l'amour du mal même. Qu'il entre de la méchanceté dans mes ordres , c'eſt une raiſon de plus pour me garantir ſon exactitude & ſa fidelité. Cependant il eſt heureux de ne s'être pas trouvé dans mon chemin , lorſque j'ai reçu la fatale nouvelle. L'infame étoit allé aux enquêtes ; dans la réſolution , à ce que j'entens de ne pas revenir & de ne jamais reparoître devant moi , s'il n'a rien d'elle à m'apprendre. Tous les Domeſtiques hors de condition , qu'il a pû découvrir , ſont emploiés de toutes parts à la même recherche.

Dans quelle vûe avois-je amené ici cette fille angelique (car c'eſt un nom que je ne puis lui refuſer ? N'étoit-ce pas pour lui rendre l'honneur qu'elle merite ? Par ma foi , Belford , j'étois reſolu.... mais tu ſais par où j'aurois ſouhaité de commencer. A préſent , que j'étois ſi déterminé en ſa faveur , qui ſait dans quelles mains elle peut être tombée ?

Cette idée confond mes ſens & trouble abſolument ma raiſon. Sans guide , ſans ſecours , dans des lieux qu'elle ne connoît pas , quelque Miſérable , pire que moi , qui n'aura pas pour elle la moitié de mes adorations , peut l'avoir arrêtée,

s'être

s'être prévalu de son embarras….. Que
je perisse mille fois, Belford, si plus
d'une hecatombe d'innocentes (puisque
c'est le nom qu'on donne à ces petites
pestes) n'expie les promesses violées &
les noirs artifices de cette impitoiable
fille.

Etant revenu au logis, avec des resolutions qui lui étoient si favorables, juge
dans quels transports m'a jetté la premiére nouvelle de son évasion, quoiqu'elle ne m'ait été racontée qu'avec des
exclamations interrompues. Je ne fais,
ni ce que j'ai fait, ni ce que j'ai dit. Mon
premier mouvement me portoit à tuer
quelqu'un. J'ai volé d'une chambre à
l'autre ; tandis que tout le monde me
fuioit, à l'exception d'une vieille servante qui m'a fait en tremblant un recit
fort mal conçu. J'ai accusé tout le monde
de perfidie & de corruption ; & dans ma
première furie, j'ai ménacé de poignar-
der jeunes & vieilles, à mesure qu'elles
tomberoient entre mes mains.

Dorcas continue de se tenir enfermée
sous sa clé. Sally & Polly n'ont point encore osé paroître. L'infame Sinclair….
Mais j'entens venir cet odieux monstre.

Elle frappe à ma porte , quoiqu'elle soit entre-ouverte; pour se donner le tems , sans doute , d'assurer sa contenance , ou pour me laisser celui de prendre un peu de modération.

Quel état désespéré que celui d'un homme , qui ne peut que se détester lui-même & regarder les autres avec horreur; tandis que la cause de sa rage subsiste , que le mal croît par la réflexion , & que le tems ne sert qu'à le rendre plus insuportable ! De quelles imprécations j'ai chargé la vieille Furie !

Elle est actuellement devant moi. Je ne daigne pas l'écouter, ni jetter les yeux sur ses contorsions. Que la tristesse, jointe à la laideur, rend un visage odieux! Au lieu de toucher ma compassion, le sien n'est propre qu'à confirmer ma haine; tandis que la beauté affligée reçoit un nouvel éclat de ses larmes : & c'est un spectacle qui a toujours fait les délices de mon cœur.

Quelle excuse ! Que me diras-tu pour te justifier ? N'est-elle pas partie ? N'est-elle pas perdue pour moi ? Mais avant que je perde tout à fait l'esprit , avant que je fasse ruisseller le sang dans cette maison , raconte moi tout ce qui s'est passé.

✿   ✿

Je viens d'entendre son recit. Ruse , imposture , misèrable artifice , dans une fille du caractère de Clarisse. Mais ce sexe est l'art même. Voici tout l'éclaircissement que j'ai pû tirer du vieux monstre.

A peine étoit-je sorti de sa maison , que Dorcas aiant appris mon départ à la *Syrene* (je t'en prie , Belford , laisse moi la satisfaction de lui donner des noms injurieux) , & lui aiant dit que j'étois allé à l'Officialité , d'où j'avois averti que j'irois au *Cocotier* ou *aux armes du Roi* , afin qu'on pût m'y renvoier le Conseiller Williams & ceux qui pouroient me demander dans mon absence , elle l'a pressée de prendre quelque rafraichissement. La perfide étoit noiée dans ses pleurs , lorsqu'elle a permis à Dorcas d'entrer dans sa chambre. Elle a refusé de boire & de manger. Ses soupirs auroient fait croire qu'elle étoit au dernier moment de sa vie. Fausse douleur. C'est la douleur humble & muette qui merite de la pitié. Sous ces trompeuses apparences, n'étoit-elle pas occupée de ma ruine & du dessein de m'enlever tout ce que j'avois de précieux au monde ?

Cependant, étant resolue de ne me pas voir au moins d'une semaine, elle s'est fait apporter quelque biscuit & une caraffe d'eau. Elle a dit à Dorcas, que c'étoit tout ce qu'elle vouloit prendre dans cet intervalle, & qu'elle la dispensoit de son service. L'artificieuse créature! Feindre, comme tu vois, de faire des provisions pour un siége de huit jours! Mais est-elle partie! Est-il possible qu'elle soit partie! Ah! quel triomphe pour Miss Howe! Cependant, je conseille à cette petite Furie de veiller sur elle-même. Si c'est elle qui a l'audace de la recevoir, le fort me prépare une abondante réparation. Je trouverai le moien de les enlever toutes deux.

Le fil de ma narration m'échappe. Mais au diable le fil & les liaisons. C'est le désordre, qui convient aux insensés! & mon partage sera bientôt de perdre la raison.

Dorcas a consulté la misérable Sinclair. Elle a demandé, si elle devoit obéir. » N'y manquez pas, lui a dit, » ce vieux serpent; M. Lovelace saura

» ce qu'il doit faire, lorsqu'il sera re-
» folu de la voir. Elle a joint feulement
une bouteille de vin d'Efpagne aux pro-
vifions.

Cette facilité a rendue la Belle fi obligeante, qu'elle s'eft laiffée perfuader de
monter au fecond, pour obferver les rava-
ges du feu. Non-feulement elle en a paru
effraiée: mais après avoir confeffé qu'elle
s'étoit défiée de quelque artifice, elle a
reconnu que le danger avoit été réel. Ce
langage a fait naître la confiance dans
toute la maifon. Chacun rioit feulement
en foi-même, de l'expédient pueril
qu'elle s'avifoit d'emploier pour marquer
fon reffentiment. Sally, faifant toujours
le bel efprit, a dit, qu'après-tout, M.
Lovelace auroit tort *de quereller pour
du pain & de l'eau.*

Pour moi, ce qui paroiffoit puerile à
toutes ces Miférables m'auroit fait foup-
çonner, dans une fille fi fenfée, ou
quelque aliénation d'efprit, après l'a-
vanture de la nuit précédente, ou la
vérité de fon deffein; puifque fuivant fes
propres fuppofitions, notre mariage devoit être célébré dans le cours de la femaine qu'elle prétendoit vouloir paffer
fans me voir.

Après avoir paru tranquille pendant

quelques momens, elle a chargé mon valet de porter chez Wilſon une lettre adreſſée à Miſs Howe, & de s'informer s'il n'y en avoit pas pour elle. Il a gardé cette lettre; & feignant d'avoir exécuté ſes ordres, il eſt revenu lui dire, qu'il n'avoit rien trouvé chez Wilſon.

Elle lui a commandé alors de porter à l'Officialité, une autre lettre, qu'elle lui a remiſe pour moi. Tous ces ordres ont été donnés ſans aucune apparence de trouble ou d'empreſſement. Cependant elle paroiſſoit fort grave, & ſouvent elle portoit ſon mouchoir à ſes yeux.

Will a feint d'exécuter cette commiſ-ſion comme la premiére. Mais quoique le Miſérable ait eu l'eſprit de ſe défier de quelque choſe, en recevant un ſecond ordre de ſortir, & pour m'apporter une lettre, à moi qu'elle avoit refuſé de voir; les femmes, auxquelles il a communi-qué ſes ſoupçons, l'ont traîté de viſion-naire ſurtout Dorcas, qui les aſſuroit, que ſa Maîtreſſe étoit trop abbatue pour for-mer des entrepriſes hardies, & qu'elle lui croioit même la tète un peu affoiblie par le jeune & la douleur. Dailleurs elles ſe repoſoient toutes ſur ſon peu d'expé-rience, ſur la candeur de ſon naturel, ſur ce qu'elle n'avoit pas marqué le moindre deſſein de faire venir un caroſſe ou une chaiſe, comme il lui étoit arrivé pluſieurs fois ; mais encore plus, ſur les préparatifs qu'elle avoit faits pour ce que j'ai nommé ſon ſiége. Will eſt ſorti, pour garder les apparences : cependant il s'eſt hâté de retourner. Ses ſoupçons n'étoient pas diminués. Il n'oublioit pas non plus que je lui ai recommandé ſouvent de ne pas s'en rapporter à ſes propres idées, lorſqu'il a des ordres poſitifs ; &, ſi quelque circonſtance que je n'ai pu prévoir lui fait naître du doute, de s'attacher litteralement à les ſuivre, comme le ſeul moien de juſtifier ſa conduite.

C'eſt dans un intervalle ſi court qu'il faut qu'elle ſoit échappée ; car, immédiatement après le retour de Will, on a fermé ſoigneuſement la porte de la rue & celle de la cour. La vieille & ſes deux Nimphes ont pris ce tems pour aller faire un tour au jardin, Dorcas eſt montée au ſecond ; & Will, craignant que ſon abſence ne parût trop courte, s'eſt retiré dans la cuiſine, pour éviter de ſe faire voir ou de ſe faire entendre.

Il ne s'étoit paſſé qu'une demie heure, lorſque Dorcas, appréhendant, dit-elle, que ſa Maîtreſſe ne fût capable d'entreprendre quelque chose contre elle-même, dans l'humeur sombre où elle se souvenoit de l'avoir laissée , est descendue par un simple mouvement de curiosité, pour jetter les yeux au travers de la serrure. Elle y a trouvé la clé. Comme rien n'étoit moins ordinaire , sa surprise l'a fait frapper deux ou troix fois ; & n'entendant point de reponse, elle a ouvert. Madame , Madame, appellez-vous ? Elle la supposoit dans son cabinet.

Rien ne se faisant entendre , elle est entrée ; elle n'a trouvé personne. Dans le prémier étonnement , elle a couru vers la salle à manger , dans mon appartement , dans tous les cabinets ; l'imagination remplie de sa crainte , qui lui représentoit deja quelque fatale catastrophe. Enfin , ne la trouvant nulle part , elle est descendue au jardin , elle a demandé à la Vieille & à ses Nimphes, si elles avoient vû Madame ?... He bien, Madame est partie. Madame a disparu.

Nous sommes sures, ont-elles répondu toutes ensembles, qu'elle ne peut être sortie de la maison.

Dans un instant tout a paru bouleversé, en haut, en bas, depuis les greniers jusqu'aux caves ; chacune criant, dans cette confusion , comment oserons-nous pa-

roître devant lui ? Will a repêté vingt fois
qu'il étoit un homme mort. Il a fait des
reproches; il en a reçu. L'un accusoit l'autre, tout le monde cherchoit à s'excuser.

Après avoir visité inutilement toute la
maison & recommencé dix fois leurs recherches ; ils se sont avisés d'aller à
toutes les chaises , à tous les carosses ,
qui étoient depuis une heure aux environs , & de demander aux Porteurs
& aux Cochers s'ils n'avoient pas vû une
jeune personne dont ils décrivoient la
figure. Ces informations leur ont procuré
quelque lumière ; seul raion d'espérance
qui me soutient contre le dernier désef-
poir.

Un Porteur a dit, qu'un peu avant
quatre heures il avoit vû sortir de la maison une jeune fille de cette figure, avec
un air de précipitation & de fraieur, tenant à la main un petit pacquet lié dans
un mouchoir; qu'il l'avoit fait observer
à son compagnon , qui s'étoit offert à la
porter, sans avoir reçu d'elle aucune
reponse : que c'étoit une fort jolie personne ; & qu'il lui croioit un mauvais
mari , ou des parens de mauvaise humeur,
parce qu'elle paroissoit avoir les yeux
gros de larmes : surquoi un troisiéme
Porteur a remarqué que ce pouvoit être

quelque Colombe échappée du Parc.
La vieille, en me faisant ce recit, s'est
emportée contre l'infame Vilain, qu'elle
souhaiteroit, m'a-t'elle dit, de pouvoir
retrouver. Elle avoit crû sa réputation,
a-t'elle ajouté, mieux établie dans le
quartier; vivant sur un si bon pied, étant
si exacte à paier tout ce qu'elle prend,
ne recevant que des gens d'honneur &
n'aiant jamais souffert le moindre bruit
dans sa maison.

Sur les apparences, un des Porteurs avoit
suivi ma fugitive, sans qu'elle pût s'en
défier. Elle a regardé souvent derrière
elle. Chaque Passant tournoit la tête,
pour la suivre des yeux, & portoit son
jugement sur cette rencontre. Enfin,
trouvant un carosse vuide qui s'est offert,
elle l'a pris. Le Cocher s'est hâté d'ouvrir la portiére, en remarquant son air
empressé. Elle a voulu monter brusquement; & le Porteur croit qu'aiant fait
un faux pas, elle s'est blessée au manton.

Que je périsse, Belford, si, malgré
sa noire tromperie, mon généreux
cœur n'est pas vivement touché, lorsque je considére quelles devoient être
alors ses reflexions & ses craintes. Une
ame si délicate, qui court les rues à
pied; qui ne prête l'oreille à rien;

qui croît voir apparemment , dans chaque homme qu'elle rencontre , un Lovelace prêt à la faisir ; qui ne connoît pas d'ailleurs les périls auxquels fa refolution va l'expofer , ni de qui , ni de quel côté elle peut fe promettre un azile; étrangere à Londres , l'après midi fort avancé, avec très peu d'argent, & fans autres habits que ceux qu'elle avoit fur elle !

Dans un efpace auffi court que depuis la dernière nuit , il n'eft pas vraifemblable que la Townfend de Mifs Howe ait pû contribuer à fa fuite.

Mais combien doit-elle me haïr , pour s'expofer à tant de dangers ? Quelle horreur doit-elle avoir conçue pour moi , depuis la nuit paffée ? Ah ! que n'ai-je donné un fondement plus jufte à des reffentimens fi violens ? Qu'on ne me parle pas de fa vertu : je fuis trop furieux pour lui en faire un merite. Eft ce vertu qui lui a fait fuir la charmante perfpective que je venois d'ouvrir devant elle ? Non, c'eft malice , haine , mépris , orgueil d'Harlove , & toutes les mortelles paffions qui ont jamais regné dans le cœur d'une femme. Si je puis la faire rentrer fous le joug ! ..... Mais filence , ma fureur ! modérez-vous , orageux tranfports ! N'eft-ce pas contre ma chere , ma divine Clariſſe, que j'ai l'impiété de m'emporter?

Le même temoin prétend avoir entendu de ſa bouche, allez vîte, très-vîte. Où, Mademoiſelle? a demandé le Cocher. A la Barriére d'Holborn,* a·t'elle répondu, en repétant allez très-vîte. Elle a levé les deux ais des portiéres, & dans un inſtant cet homme a perdu le caroſſe de vûe. Will, après cet éclairciſſement, s'eſt hâté de ſuivre ſes traces. Il a déclaré, en partant, que jamais il ne reparoîtroit devant moi, s'il ne pouvoit m'apporter de ſes nouvelles.

Mon unique eſpoir, cher Belford, c'eſt que ce Miſérable, qui nous a ſuivis dans nos promenades, à Hamſtead, à Muzzlehill, à Kentish-Town, entendra parler d'elle dans quelqu'un de ces lieux. J'ai d'autant plus de confiance à cette idée, qu'un jour, il m'en ſouvient, elle s'eſt informée curieuſement des voitures & de leur prix, en admirant les commodités qu'on a pour voiager à toute heure. Will étoit préſent. Malheur à lui s'il eſt capable de l'avoir oublié!

* Faubourg de Londres.

Je viens de visiter son appartement ;
livré à mes farouches reflexions, &
portant néanmoins à ma bouche tout ce
qu’elle a touché, ou ce qu’elle em-
ploioit à son usage. J’ai brisé le miroir
qui lui servoit à s’habiller, parce qu’il
ne m’a pas représenté l’image qu’il a
reçue tant de fois, & qui m’est pour jamais presente. Je l’appelle par son nom,
comme si elle pouvoit m’entendre ; tantôt dans des termes passionnés, tantôt
avec les plus vifs reproches. Il semble
que depuis qu’elle me manque, mon
ame, ou tout ce qui étoit capable de me
plaire dans la vie, m’ait cruellement
abandonné Quel vuide dans mon cœur !
Quel froid dans mes veines ! La circula-
tion de mon sang s’est comme arrêtée !
Je retourne sans cesse sur mes pas, de
ma chambre à la sienne ; j’entre dans la
salle à manger. Mes regards s’attachent
sur tous les lieux où je me rappelle d’avoir
vû les délices de mon cœur. Mais ils ne
peuvent s’y fixer longtems. Son aimable
image me frappe aussitôt, dans quelque
attitude vive où je crois la voir encore,
& qui fait saigner toutes mes plaies.

Cependant depuis que j'ai entendu le recit du vieux demon, & que j'ai formé quelque legere espérance sur les informations du Porteur, je me sens un peu plus tranquille. A chaque minute, je pousse des souhaits ardens pour le succès des recherches de Will. Si je la pers, toute ma rage renaîtra sans doute, avec un redoublement de transports. L'humiliation de voir mes stratagêmes & mes inventions surpassés par une novice, d'être trompé par un enfant, joint à la violence de ma passion, sera capable ou de me faire mourir de honte & de chagrin, ou, ce qui sauve quelque fois la vie dans des maux insuportables, de renverser tout à fait ma raison. Qu'avois-je à faire de sortir & d'aller solliciter des permissions de Prêtres, du moins avant que de l'avoir vû & d'avoir fait ma paix avec elle? Si ce n'étoit pas l'usage des Maîtres, de rejetter toutes leurs fautes sur ceux qui les servent, & de n'avoir jamais rien à se reprocher, je serois tenté de reconnoître que je suis plus coupable que personne. Cette reflexion ne manquera pas de devenir plus cuisante, si je pers malheureusement un reste d'espoir: & comment ferai-je capable de la supporter !

Mais si je suis assez heureux......

(*L'Editeur avertit qu'il supprime ici un ser-*
ment trop horrible pour être repêté , par le-
quel M. Lovelace s'engage à se vanger de
l'innocente Clariffe , si jamais elle retombe
entre ses mains).

Le vieux Cerbere fort à l'inftant de ma
chambre , avec cette malheureufe Dorcas , qu'elle m'avoit amenée pour me
demander pardon. Je ne leur ai fait grace
qu'à demi , & je ne leur ai pas épargné
les marques de mon indignation. Bientôt les deux Nimphes auront leur tour.
Je ne leur reprocherai pas, avec moins de
violence , les effets de ma propre folie.
C'eft en même tems un fort bon moien
de prévenir les railleries auxquelles je
devois m'attendre , pour avoir manqué
cette nuit une fi glorieufe occafion.

J'ai recueilli des informations du Porteur , & des obfervations de Dorcas
avant l'évafion de cette cruelle fille , une
defcription de la manière dont elle étoit
mife aujourd'hui ; & je fuis refolu , fi je
n'apprens point de fes nouvelles par d'autres voies , de la faire proclamer dans la
gazette , comme une femme fugitive.

fous fon nom de fille & fous le mien. Puifque fa fuite ne peut être ignorée longtems de mes ennemis, pourquoi ferois-je difficulté d'en inftruire tous mes amis, dont les mouvemens & les recherches peuvent m'aider après-tout à la découvrir?

Elle avoit une robbe brune très-fraîche; & qu'on croiroit neuve, comme tout ce qu'elle porte, neuf ou vieux, par une élegance qui lui eft naturelle: un chapeau de velours; un ruban noir autour du cou; un nœud blanc fur la poitrine; une juppon de fatin picqué, couleur de chair; un rubis, que je lui fuppofe au doigt; & dans toute fa perfonne, comme je ne manquerai pas de l'obferver, un air de dignité, qui la recommande autant que la beauté de fon vifage & de fa taille, à l'attention de tous ceux qui la voient.

La defcription particulière de fes charmes demandera un peu plus de peine; & j'ai befoin, pour cette entreprife, d'avoir l'efprit plus tranquille. J'avertirai que fi je n'apprens rien d'elle, après un certain tems que j'accorderai pour fon retour volontaire, ma réfolution eft de pourfuivre quiconque préfumera de la loger, de la garder, de la nourrir

ou de la protéger; avec toute la vangeance à laquelle un mari furieux peut
être autorifé par les loix ou par fon propre reffentiment.

Autre fujet de fureur. Il faut que je
me foulage en t'écrivant ; fans quoi je
deviendrai fou.

Etant retourné à fa chambre, par la
feule raifon que c'étoit la fienne, & la-
chant la bride à mes foupirs fur chaque
pièce de l'ameublement, j'ai jetté les
yeux fur un tiroir, d'où j'ai vû fortir le
coin d'une lettre. Avec quel empreffement je m'en fuis faifi ! J'ai trouvé pour
adreffe ; à M. Lovelace. Cette vûe m'a
fait fauter le cœur. Je me fuis fenti fi
tremblant, qu'à peine ai-je pû rompre
le cachet.

Que ce perfide amour m'énerve !
Mais jamais paffion n'approcha de la
mienne. Elle ne fait qu'augmenter par
cette indigne fuite & par le renverfement
de mes efpérances. L'ingrate ! Se dérobber à des fentimens fi tendres , qui
croiffent par ce qui devroit les refroidir &
les éteindre !

Je ne veux point t'envoier une copie de

sa lettre. Je ne dois pas un ſi bon office à la Cruelle.

Mais te ſerois-tu jamais imaginé que cette fille hautaine, qui s'entend ſi bien à violer des promeſſes, pût renoncer à moi, m'abandonner barbarement, pour l'avanture de cette nuit ? qu'elle fût capable de paſſer ſur toutes ſes eſpérances de réconciliation avec une indigne famille, qui ne laiſſe pas d'être en poſſeſſion de tout ſon cœur ? Auſſi, Belford, que je me crois bien acquitté de toute obligation ! & qu'il lui reſte peu de droits à tout ce qu'elle pouvoit attendre de mon amour ! Mon regret eſt de l'avoir menagée. Je ne puis ſoutenir mes propres reflexions ſur cette décence qu'elle a ſi mal récompenſée. Si je la retrouve ! Tu ſais par quel redoutable ſerment je ſuis engagé à la vangeance.

Cependant, te le dirai-je ? Toute cruelle, toute ingrate qu'elle eſt à mes yeux, je crois ſentir, dans quelques momens, qu'elle regne ſur mon ame avec un pouvoir plus abſolu que jamais.

LETTRE CCXIII.

M. LOVELACE, à M. BELFORD.

WIlfon m'a remis une lettre en mains propres. Une lettre ! Elle eſt de Miſs Howe à ſa cruelle amie. Je n'ai pas fait ſcrupule de l'ouvrir. C'eſt un miracle que je ne ſois pas tombé en convulſion à cette lecture ; ſurtout en conſidérant quels effets une Piéce ſi infernale auroit pû produire, ſi *cette Clariſſe* l'avoit-reçue.

Collins l'a remiſe à Wilfon cet après-midi, & l'a preſſé particuliérement de la faire porter en toute diligence à Miſs *Beaumont* (*). Il étoit venu ici auparavant, dans l'intention de la remettre à elle - même. On lui avoit dit, avec trop de vérité, qu'elle étoit abſente ; & qu'il pouvoit laiſſer ce qu'il avoit pour elle, avec confiance que tout lui ſeroit remis à ſon retour. Mais il n'avoit voulu ſe fier à perſonne. Il eſt revenu une ſeconde fois ; & ne recevant pas d'autre reponſe que la premiére, il a pris le parti

(*) Ces adreſſes ſont expliquées au 3.e. Tome.

de retourner chez Wilson & de lui laisser la lettre.

Je te l'envoie sous cette enveloppe, parce qu'elle seroit trop longue à transcrire. Elle t'apprendra ce qui a conduit ici Collins. O détestable Miss Howe! Il faut absolument que je prenne quelque resolution à l'égard de cette petite Furie.

Tu me renverras sa lettre, aussitôt que tu l'auras lue. C'est ici que je t'exhorte à la lire. Evite de trembler pour moi, si tu le peux.

***

A Miss LŒTITIA BEAUMONT.

Mercredi , 7 de Juin.

PEut-être vous plaignez vous , chere amie , que mon silence devient trop long. Mais depuis ma dernière lettre , j'en ai commencé deux en differens tems, toutes deux fort longues, & je vous assure assez vives ; animée comme je l'étois contre l'abominable personnage avec qui vous êtes , surtout après avoir lû la votre du 21 de Mai.

Mon dessein étoit de garder la prémiére ouverte , jusqu'à ce que je fusse en état de vous apprendre le progrès de mes

foins du côté de Madame Townfend. C'é-
toit quelques jours avant que j'aie pû
voir cette femme. Aiant eu le tems,
dans l'intervalle, de relire ce que j'avois
écrit, j'ai cru devoir mettre cette lettre
à part, & vous écrire d'un ftile plus mo-
deré, dans la crainte que vous ne blâ-
maffiez la liberté de quelques-unes de mes
expreffions, ou, fi vous voulez, de mes
execrations. Enfuite, lorfque la feconde
étoit deja fort avancée, le changement
de vos propres idées, à l'occafion de Mifs
Montaigu & de vos nouvelles efpérances, me l'a fait mettre à part auffi. Je
fuis demeurée incertaine ; & je penchois
même à tout fufpendre jufqu'à la décifion
de votre fort, que je ne pouvois croire
fort éloignée. Peut-être me ferois-je
arrêtée à cette refolution, d'autant plus
que fuivant vos lettres les apparences de-
venoient plus favorables de jour en jour ;
fi je n'avois reçu, depuis vingt-quatre
heures, des éclairciffemens qui font de
la dernière importance pour vous.

Mais il faut que je m'arrête ici, & que
je faffe un tour ou deux dans ma chambre, pour contenir la jufte indignation
qui fe communiqueroit à ma plume,
dans le recit que j'ai à vous faire.

Je ne me fens pas affez maîtreffe de moi. D'un autre côté ma mere eft fans ceffe en mouvement, les yeux ouverts fur toutes mes actions, comme fi j'écrivois à un homme. Cependant je veux effaier fi je fuis capable d'un peu de moderation.

Les femmes de la maifon où vous êttes.... ah ma chere ! les femmes de cette maifon.... Mais vous n'en avez jamais penfé fort avantageufement, ainfi vous ne fauriez être fort furprife.... & vous n'auriez pas fait un long fejour avec elles, fi l'efpérance de prendre bientôt une maifon à vous, ne vous avoit rendue moins inquiête & moins curieufe fur le fond de leur caractère & de leur conduite. Cependant, il feroit à fouhaiter aujourd'hui que vous les euffiez obfervées de plus près. Mais je vous caufe de l'impatience. En un mot, ma chere, vous êtes certainement dans une maifon infernale. Soiez fure que la Vieille eft une des plus miférables femmes qui foient au monde. Et vous ne la connoiffez pas fous fon vrai nom ; comptez là-deffus. Elle ne s'appelle pas Sinclair. La

rue où elle demeure n'eſt pas la rue de
Douvres. N'êtes-vous donc jamais ſortie
ſeule, & n'avez vous pas changé de voiture pour revenir ? je ne me ſouviens
pas à la verité que vous me l'aiez marqué. Vous n'auriez jamais retrouvé
votre chemin, en nommant, ou la Sinclair, ou la rue.

Votre Monſtre ne ſeroit peut-être pas
inexcuſable de vous avoir tenue dans
cette erreur, ſi la maiſon étoit honête,
& s'il ne s'étoit propoſé que de vous
mettre à couvert de la violence de votre
famille. Mais il me ſemble que cette
impoſture a précédé le complôt de votre
frere. Ainſi ſes intentions ne peuvent
être exculées ; & quelque jugement qu'on
doive porter aujourd'hui de ſes vûes,
elles ne pouvoient être alors que celles
d'un infâme.

Que je regrette amérement de m'être
laiſſée engager, d'un côté par vos excès
de délicateſſe, & de l'autre par la tirannie
de ma mere, à demeurer tranquille,
avant que d'avoir ſu directement votre
adreſſe ! Je m'imagine même que la propoſition de faire paſſer nos lettres par

une main tierce eſt venue de lui ; & que vous n'y avez conſenti , comme moi , que pour me mettre en état de repondre que je ne ſavois pas où vous adreſſer les miennes. Foible & vaine conſidération ! j'ai honte de moi-même. Quand cette raiſon auroit eu dabord quelque force, devoit-elle me faire perſiſter dans la même folie , lorſque je vous ai vû du dégoût pour votre logement, & lorſqu'il a commencé à chercher des prétextes pour ſes délais? Mais la maiſon , qu'il vous propoſoit dans le même tems , nous a menées l'une & l'autre comme deux folles , attachées au même cordon. En verité, ma chere, cet homme eſt tout ce que je connois de plus infame & de plus mépriſable. Combien n'aura-t'il pas ri de votre crédulité & de la mienne!

Cependant , qui ſe feroit imaginé qu'un homme fort bien établi dans le monde , & de quelque reputation, (je parle de Doleman, & non aſſurement de votre monſtre) autre-fois libertin à la vérité , (car je n'ai pas attendu ſi long-tems à m'informer de ſon caractère) marié à une femme de bonne maiſon, relevant d'une attaque de paraliſie,& par conſequent revenu , comme on devoit le croire, de ſes anciens déſordres, fut

capable

capable de recommander une telle demeure, à un homme de la naiſſance de
Lovelace, pour y conduire, pour y loger ſa femme !

J'écris peut-être avec trop de violence.
Mais quel moien d'être plus moderée ?
Cependant je quitte la plume à chaque
minute, dans le deſſein de laiſſer repoſer
un peu ma bile. Et puis ma mere revient
ſans ceſſe & ne ſe laſſe pas de me tourmenter. Elle me demande ſi je n'ai rien
de mieux à faire que de relire vos anciennes lettres ; c'eſt le prétexte que
j'emploie pour me procurer quelques
momens de liberté. Je crains de m'emporter contre elle, la premiére fois que
je l'entendrai à ma porte.

A préſent, je ne ſais pas où recommen-
cer. J'ai tant de choſes à vous écrire, ſi
peu de tems, de ſi fortes raiſons d'impatience ! Mais il faut vous apprendre d'où
ſont venues mes nouvelles lumières.

Miſs *Lardner*, que vous avez vûe
pluſieurs fois chez ſa couſine Bidulph,
vous a reconnue dans l'Egliſe de St. James. Elle y étoit, comme vous, il y eût
Dimanche huit jours. Sa ſurpriſe lui fit

tenir les yeux fur vous pendant tout l'Office. N'aiant pû rencontrer les vôtres, quoiqu'elle vous ait faluée deux ou trois fois, elle fe propofoit de vous faire compliment fur votre mariage en fortant de l'Eglife ; car elle ne doutoit pas que vous ne fuffiez mariée , fur cette feule raifon qu'elle vous voioit feule à l'Eglife. Tout le monde , dit elle , n'eût d'attention que pour vous ; tribut ordinaire de tous ceux qui vous voient. Comme vous étiez plus près qu'elle de la porte, vous vous retirâtes avant qu'elle pût vous joindre. Mais elle chargea fon Laquais de vous fuivre jufqu'à votre maifon. Il vous vît entrer dans une chaife, qui vous attendoit ; & vous ordonnâtes aux Porteurs de vous mener où ils vous avoient prife.

Le jour fuivant , Mifs Lardner, par un pur mouvement de curiofité, renvoia le même homme, avec ordre de s'informer fi M. Lovelace étoit avec vous dans la même maifon. L'éclairciffement qu'elle reçut, lui parut fort étrange. Son Meffager lui rapporta, d'après plufieurs perfonnes , que la maifon étoit fufpecte, & paffoit dans le voifinage pour une de ces retraites libres où l'on ne fe refufe aucun plaifir. Dans

l'étonnement d'un recit fans vraifem-
blance, Mifs Lardner recommanda le
filence à fon Laquais : mais elle chargea
de la même commiffion un honnête homme de fes amis, qui lui confirma bientôt
que malgré quelque air de décence établi
dans cette maifon, elle n'étoit habitée
que par des femmes galantes, qui avoient
leurs amans habituels, ou qui cher-
choient à s'en procurer, & que celle qui
la tenoit fous fon nom vivoit de cet honnête commerce.

Dites, ma chere amie ! ne parlerai-je
pas de votre monftre avec execration ?
Mais les expreffions font foibles. Que
puis-je imaginer d'affez fort, pour exprimer mon horreur !

Mifs Lardner a gardé le fecret pendant
quelques jours, fans favoir à quoi fe déterminer. Elle vous aime. Elle eft remplie de tendreffe & d'admiration pour
vous. Enfin, elle l'a confié, par une
lettre, à Mifs Bidulph ; qui dans la
crainte de me faire tourner l'efprit en
me l'apprenant fans précaution, l'a
communiqué à Mifs Loyd. Ainfi,
comme la plûpart des nouvelles fcanda-
leufes, il n'eft venu à moi qu'après
avoir paffé par divers canaux ; & je n'en
fuis informée que depuis Lundi dernier.

A ce terrible recit, je me suis crue
prête à tomber sans connoissance. Mais,
la rage soutenant mes forces, j'ai conjuré Miss Lloyd d'éxiger le secret de nos
deux amies. Je lui ai dit, que je ne voudrois pas pour l'empire du monde que
ma mere, ni personne de votre famille
en eût la moindre connoissance : & sur
le champ, j'ai chargé un homme de
confiance, de prendre des informations
sur la personne & le caractère du Capitaine Tomlinson.

L'idée m'en étoit deja venue ; mais
cette curiosité me paroissant inutile,
parce que vous commenciez à vous louer
de vos espérances, & ne soupçonnant
rien moins que l'infamie de votre demeure, j'avois suspendu mes resolutions.
Ce qui est à présent certain pour moi,
c'est que dans l'espace de dix milles à la
ronde, il n'y a personne autour du Château de votre oncle qui soit connu sous
le nom de Tomlinson. Faites fond là-
dessus. On a trouvé un *Tomkins*, à quatre milles du Château ; mais c'est un
pauvre laboureur ; & de l'autre côté un
Thompson, à cinq ou six milles, qui
n'est qu'un Maître d'Ecole, pauvre &
d'environ soixante-dix ans. Un homme
de huit cens livres sterling de rente ne

peut se transplanter d'un Comté dans un autre, sans être connu de quelqu'un ; & ces changemens font toujours une nouvelle publique. On pourroit faire sonder de loin la femme de Charge de votre oncle, avec laquelle on assure qu'il vit assez familiérement. Ces vieux garçons n'ont ordinairement rien de reservé pour l'objet de leurs affections. Mais en supposant qu'il fasse un secret du traité à Madame *Hodges*, il est impossible qu'elle n'ait pas vû quelquefois, au Château, un homme qui se donne pour un de ses meilleurs amis, ou qu'elle n'ait pas du-moins entendu parler de lui, quelque peu de sejour qu'il ait fait dans le canton.

Cependant cette histoire paroît si plausible ! Tomlinson, suivant le portrait que vous en faites, est un si bon, un si galant homme ! Le fruit qu'ils auroient à tirer de leur imposture si peu nécessaire, supposé que Lovelace eût des vûes infames, & dans la maison où vous êtes ! La conduite que votre monstre a tenue avec lui, si brusque & si impérieuse ; sa reponse, si ferme & si mesurée ! Dailleurs, ce qu'il vous a communiqué de la negociation d'Hickman & de Madame Norton , avec plusieurs circonstances que le misérable Joseph Leman n'a pû reveler ; fes inftances au nom de votre oncle , pour favoir le jour de votre mariage , qui ne peuvent recevoir aucun mauvais fens ; la propofition qu'il vous fait de la part de votre oncle , dans la vûe de perfuader au public que vous étes mariés depuis le premier jour que vous avez habité la même maifon ; la précaution d'exiger que la cérémonie ait pour témoin une perfonne de confiance , une perfonne nommée par votre oncle : toutes ces confidérations enfemble me portent quelquefois à chercher des explications fupportables ; quoique fi confondue par un grand nombre d'apparences , que j'en reviens toujours à détefter le double monftre dont les inventions & les rufes nous donnent tant d'exercice , fans aucun moien de pénétrer abfolument le fond du miftère.

La conjecture à laquelle je m'attache le plus , c'eft que Tomlinfon , tout fpécieux que font les dehors , n'eft qu'une machine de Lovelace , emploiée dans quelque vûe qui n'a point encore éclaté. Il eft fur du moins que non-feulement Tomlinfon , mais auffi Mennel , qui vous a vûe plufieurs fois dans le lieu où vous êtes , ne peuvent ignorer que c'eft une maifon où l'honneur n'eft pas connu.

Ainsi que pouvez-vous penser du témoignage favorable que Tomlinson ren-
doit à vos femmes, sur tout après des
informations supposées ? Lovelace ne
peut l'ignorer non plus ; & quand il ne
l'auroit pas su avant que de vous y avoir
menée, il ne doit pas avoir été longtems
à le decouvrir. Qui sait si ce n'est pas la
compagnie même qu'il y a trouvée, qui
lui a fait prendre le parti de s'y arrêter ?
Cette raison explique assez tout ce qu'il
y a d'étrange dans ses délais, lorsqu'il
dépendoit de lui de s'assurer promptement une femme telle que vous. Ma
chere, ma chere, cet homme est corrompu jusqu'au fond du cœur. C'est un
misérable, sous quelque jour que je
me le représente : & ce Doleman est
sans doute un autre de ses suppots. La
corruption des mœurs a si bien accoûtumé
une grande partie de l'autre sexe à regarder comme un badinage la ruine des jeunes personnes du notre, qu'il doit paroître moins surprenant que honteux,
qu'entre les gens même de quelque apparence, il s'en trouve de toujours prêts à
seconder *les vûes déreglées* des libertins
d'une certaine distinction, lorsqu'ils en
espérent quelque chose pour leur fortune
ou pour leur avancement.

G iv

Mais puis-je croire, me demanderez-vous avec indignation, que Lovelace ait formé des vûes contre votre honneur?

Qu'il en ait formé, c'est de quoi je ne saurois douter, quand elles ne subsiste-roient plus, depuis que je sais dans quelle maison il vous a logée. Cette découverte est une clé, qui m'ouvre tous les detours de sa conduite.

Permettez que je jette un coup d'œil sur le passé.

Nous savons toutes deux que l'orgueil, la vangeance, & la passion de marcher par des routes nouvelles, font les princi-paux ingrediens qui composent le carac-tère de cet archi-libertin.

Il hait toute votre famille, à l'excep-tion de vous; & je crois m'être apperçu plusieurs fois qu'il étoit humilié de se voir forcé par l'amour à flechir devant vous, parce que vous êtes une Harlove. Cepen-dant le Misérable est un vrai Sauvage en amour. Cette passion, qui humanise les ames les plus féroces, n'a pas été capable de subjuguer la sienne. Son or-gueil, & la réputation qu'il s'est acquise par un petit nombre de bonnes qualités qui se trouvent mêlées parmi ses vices, l'ont accoutumé à se voir trop bien reçu de notre sexe leger, aveugle, inconsideré,

pour s'être jamais fait une étude de l'af-
fiduité & de la complaifance, ou d'affuje-
tir fes paffions déreglées.

Son animofité, contre tous les hommes
& contre une femme de votre famille,
n'eft pas tout-à-fait fans fondement.
Il a toujours fait voir, & même à fes
propres parens, que l'intérêt de fon orgueil lui eft plus cher que celui de fa fortune. Il fait profeffion de haïr le mariage.
Il aime l'intrigue. Il a l'efprit fertile en
invention , & l'impudence d'en faire
gloire. Il n'a jamais pû vous arracher
une déclaration d'amour ; & jufqu'à la
perfecution de vos fages parens, il n'a-
voit pû parvenir à vous faire recevoir fes
foins à titre d'Amant Il favoit que vous
condamniez ouvertement fes mœurs ; &
& par confequent il ne pouvoit blamer avec juftice l'indifference & la froi-
deur qu'il vous reprochoit d'avoir pour
lui.

La crainte des accidens & le defir de
les prévenir ont été vos prémiers motifs,
pour la correfpondance dans laquelle il
a fu vous engager. Il n'a donc jamais dû
paroître étonné de la préférence que vous
donniez au celibat fur l'engagement du
mariage. Il favoit que vous aviez toujours penfé de même ; il le favoit, avant

que ſes artifices vous euſſent engagée à
la fuite. Qu'à-t'il donc fait, depuis cet
évenement, qui puiſſe vous avoir obligée
tout d'un coup de changer de principe?

Ainſi votre conduite a toujours été re-
guliére, ſoutenue, reſpectueuſe pour
ceux à qui vous devez du reſpect par le
droit du ſang; elle n'a jamais été ni prude, ni coquette, ni tirannique pour lui.
Il étoit convenu de ſe ſoumettre à vos
loix, & de faire dependre votre faveur
de ſa reformation. A la vérité, moi que
vous faiſiez lire dans votre cœur, quoique vous ne m'appriſſiez pas vous-même
tout ce que j'y découvrois, j'ai vû clairement que l'amour avoit commencé de
bonne heure à s'y établir; & vous l'auriez reconnu plutôt, ſi vos allarmes con-
tinuelles & ſa conduite impolie ne vous
avoient tenu le bandeau ſur les yeux.

Je ſavois, par expérience, que l'amour
eſt un feu, avec lequel on ne badine pas
impunément. Je ſavois que la familiarité
d'une correſpondance n'eſt jamais ſans
danger entre deux perſonnes de different
ſexe. Un homme qui prend la plume pour
écrire, doit être capable d'art, s'il n'eſt
pas corrompu au fond du cœur. Une
femme qui écrit ce qu'elle a dans le cœur
à un homme verſé dans l'art de tromper,

ou même à l'homme du meilleur caractère, lui donne fur elle un extrême avantage.

Comme la vanité de votre Monftre
lui a toujours perfuadé qu'une femme ne
peut lui refifter lorfqu'il fe préfente avec
des vûes honorables, il n'eft pas furprénant
qu'il fe foit revolté comme un Lion pris
dans les toiles , contre une paffion que
vous n'avez paiée d'aucun retour. Et
comment auriez-vous pû marquer du retour à un efprit fi fier , qui vous avoit
enlevée malgré vous par un lâche artifice ; fans approuver ce même artifice que
vous condamniez dans le cœur ?

Ces reflexions, peut être, font trouver moins de peine à concevoir, comment il eft poffible qu'un Miférable tel
que lui, ait repris fes anciennes préven-
tions contre le mariage, & foit revenu à
fa paffion favorite, qui a toujours été la
vangeance. Il me femble que c'eft la
feule explication qu'on puiffe donner aux
horribles vûes, qui l'ont porté à vous
conduire dans le lieu où vous êtes. Tout
le refte ne fe trouve-t'il pas expliqué auffi
naturellement par les mêmes fuppofitions ? Ses délais ; fes manières chagri-
nes ; l'adreffe avec laquelle il a trouvé
le moien de s'établir dans la même mai-

son ; celle de vous faire passer pour sa femme devant vos Hôtesses , avec quelque restriction à la verité, mais dans l'espoir sans doute , l'infame qu'il est ! de vous prendre quelque jour avec avantage : la partie de souper avec ses compagnons de debauche ; l'entreprise de vous faire partager votre lit avec cette Miss Partington , projet que je crois sorti de sa tête , & qui couvroit quelques détestables vûes ; les allarmes qu'il vous a causées plusieurs fois ; son obstination à vous accompagner à l'Eglise , dans la crainte apparemment que vous ne pûssiez découvrir avec quel les gens vous viviez enfin l'avantage qu'il a tiré du complôt de votre frere.

Voiez , ma chere , si toutes ces consequences ne suivent pas, comme d'elles mêmes , de la découverte de Miss Lardner. Voiez s'il ne demeure pas évident que ce monstre , auquel mon embarras m'a fait quelquefois donner le nom de fou & d'étourdi , étoit au fond le plus infâme de tous les humains.

Mais si je raisonne juste , demanderoit ici une personne indifferente , à quoi devez-vous jusqu'au jourd'hui votre conservation ? Excellente fille ! A quoi, moralement parlant , si ce n'est à votre vi-

gilance ! à la majeſté de votre vertu ! à
cette dignité naturelle, qui dans une
ſituation ſi difficile, ſans amis, ſans
ſecours, paſſant pour mariée, environ-
née de créatures qui ſe font un jeu de
trahir & de ruiner l'innnocence, vous a
rendue capable de contenir, d'épouvan-
ter, de confondre le plus dangereux des
libertins, le moins capable de remords,
comme vous l'avez obſervé vous même,
le plus inconſtant dans ſon caractère, le
plus ruſé dans ſes inventions, ſecondé
dailleurs, ſoutenu, excité, comme on n'en
ſauroit douter, par la force du conſeil
& de l'exemple ! votre *dignité*, dois je repêter, cet *heroïſme*, je veux lui donner ce
nom, qui s'eſt montré à propos dans tout
ſon luſtre, mélé de cette condeſcendance
obligeante & de cette charmante douceur qui en tempérent la majeſté, lorſque vous avez l'eſprit libre & tranquille.

Mais actuellement, ma chere, j'appréhende que le danger n'augmente
beaucoup, ſi continuant de demeurer
dans cette redoutable maiſon, vous n'êtes
pas mariée avant la fin de la ſemaine.
Mes allarmes ne ſeroient pas ſi vives pour

vous dans tout autre lieu. Je suis persuadée, après les plus serieuses reflexions, que le Misérable est enfin convaincu qu'il ne trouvera jamais votre vigilance en défaut ; que par consequent, s'il n'obtient pas de nouvel avantage sur vos sentimens, il est resolu de vous rendre la foible justice qui est au pouvoir d'un homme de son caractère. Il y est d'autant plus porté, qu'il voit toute sa famille engagée fort ardemment dans vos intérêts, & que le sien ne lui laisse pas d'autre choix. Et puis, l'horrible monstre vous aime à sa manière, plus qu'il n'est capable d'aimer toute autre femme;vous aime, c'est-à-dire, du même amour qu'Herode avoit pour sa Mariamne. Je n'ai pas le moindre doute sur ce point ; & j'en conclus qu'apréfent du moins, il est probablement de bonne foi.

Comme j'ai lieu de juger, par les lumières que vous m'avez données sur votre situation, que de quelque nature que soient ses desseins, ils ne peuvent éclore qu'après le resultat de ce nouveau complôt dans lequel Tomlinson & votre oncle se trouvent mêlés, j'ai pris du tems pour diverses recherches C'est un complôt, je n'en puis douter ; dans quelque vûes que cet obscur, cet impénétrable Esprit l'ait formé.

Cependant j'ai vérifié que le Conseiller Williams, qui est connu de M. Hickman pour un homme fort distingué dans sa profession, a presque mis la dernière main au contract; qu'on en a tiré deux copies, dont l'une, suivant le témoignage du Secrétaire, doit être envoiée au Capitaine Tomlinson : & j'apprens, avec la même certitude, qu'on a sollicité plus d'une fois les permissions Ecclesiastiques & qu'on y a trouvé des difficultés, dont Lovelace a paru fort chagrin. Le Procureur de ma mere, qui est intime ami du sien, a tiré ces éclaircissemens en confidence. Il ajoûte, que vraisemblablement la haute naissance de Lovelace fera lever les obstacles.

Mais je ne veux pas vous déguiser le sujet de mes allarmes ; après vous avoir fait observer que votre honneur n'aiant encore souffert aucune atteinte, elles ne me seroient pas entrées dans l'esprit, si je n'avois appris dans quelle maison vous demeurez, & si cette decouverte ne m'avoit fait raisonner sur les circonstances passées.

L'état favorable de vos espérances présentes vous oblige de souffrir sa compagnie, chaque fois qu'il désire la votre. Vous vous trouvez dans la nécessité d'oublier, ou de feindre d'oublier les mécontentemens paſſés, & de recevoir ſes ſoins comme ceux d'un amant reconnu. Vous vous expoſeriez au reproche de pruderie & d'affectations, peut-être vous le feriez-vous à vous-même, ſi vous le teniez à la même diſtance qui a fait juſqu'à préſent votre ſureté : ſon incommodité ſubite, & ſon rétabliſſement qui ne l'a pas été moins, lui ont donné l'occaſion de reconnoître que vous l'aimez. Helas ! ma chere, cette découverte n'eſt pas nouvelle pour moi. Vous m'apprenez qu'à chaque inſtant il en prend droit de pouſſer ſes uſurpations; qu'il paroît avoir changé de naturel; qu'il ne reſpire qu'amour & complaiſance. C'eſt le loup qui s'eſt revêtu de la peau du mouton. Cependant il n'a pas laiſſé de montrer plus d'une fois les dents; & je vois qu'il lui eſt impoſſible de cacher ſes griffes. Les libertés qu'il a priſes avec vous, à l'occaſion de la lettre de Tomlinſon, pour leſquelles vous n'avez pû vous diſpenſer de lui faire grace, montrent l'avantage qu'il croit avoir obtenu, & le pouvoir qu'il a de pouſſer plus loin ſes entrepriſes. J'appréhende beaucoup qu'il n'ait introduit Tomlinſon dans cette vûe ; c'eſt-à-dire, pour vous inſpirer plus de ſecurité, & pour faire

l'office de médiateur si ses hardiesses de-
venoient plus offensantes. Le jour de la
célébration n'est plus en votre pouvoir
comme il devoit l'être , puisqu'il dé-
pend désormais du consentement de votre
oncle , dont il a désiré la présence à votre
propre sollicitation ; desir, au reste , dont
le succès me paroît fort douteux , quand
toutes les apparences seroient réelles.

Dans cette situation , s'il s'échappoit
à de plus grandes libertés , ne seriez-
vous pas obligée de lui pardonner? Contre
une vertu si bien établie , je ne crains
rien de sa malignité par les voies communes ; mais dans la maison où vous êtes ,
dans les circonstances où je vous vois ,
que je redoute la surprise ! Cet infâme
libertin n'a-t'il pas déja triomphé de plusieurs femmes dignes de son alliance ?

Quelle sera donc votre resolution , ma
très-chere amie ! Que vous proposerai je
pour ressource , si ce n'est de fuir cette
maison, cette infernale maison! Ah!
puissiez-vous trouver dans votre cœur la
force de le fuir lui même !

Si vous y étiez disposée , Madame
Townsend seroit prête à recevoir aussitôt
vos ordres. Cependant, si vous ne voiez
pas de nouveaux obstacles , ou de nouvelles raisons de défiance, je suis toujours

perfuadée que votre reputation aux yeux du monde, je ne parle plus de votre bonheur, vous fait une loi d'être fa femme. Il eft cruel, à la vérité, que pour recompenfe de leurs infamies, ces libertins obtiennent ce qu'il y a de plus eftimable dans notre fexe, tandis que la dernière femme du monde ne leur devroit que du mépris.

Mais fi vous trouvez le moindre fondement à de nouveaux foupçons, s'il cherche à vous retenir dans cette odieufe demeure, ou s'il veut différer votre départ, à préfent que vous connoiffez le caractère de vos femmes ; fuiez, ne balancez point à fuir, de quelque efpérance qu'il puiffe vous flatter. Dans une de vos promenades, s'il ne fe préfente point d'autre voie, refufez abfolument de retourner avec lui. Déclarez-lui que vous êtes informée. Ne faites pas difficulté de me nommer. Si vous jugez que les circonftances ne vous permettent pas de rompre avec lui, feignez de croire qu'il peut ignorer ce que c'eft que votre maifon ; & dites-lui que je le crois moi-même : quoique de votre part & de la mienne, cette feinte doive lui paroître peu vraifemblable. La chaleur, qui eft étouffante depuis quelques jours, vous

offre un prétexte naturel pour lui propo-
fer de prendre l'air. Alleguez votre fanté:
il n'ofera refifter à cette raifon. Je fais
par des voies certaines, que l'infenfé
projet de votre fiere eft abandonné.
Ainfi vous n'avez rien à craindre de ce
côté-là.

Si vous ne vous déterminez point à quitter votre maifon, après avoir lû ma lettre,
ou fi vous ne cherchez pas auffitôt le
moien d'en fortir, je jugerai de l'afcendant qu'il a fur vous par le peu de
pouvoir que vous avez fur lui ou fur vous
même.

Un de mes Emiffaires a fait quelques
recherches touchant Madame Fretchvill,
Lovelace vous a-t'il jamais nommé la
rue où la place qu'elle habite? Je ne me
fouviens pas que vous me l'aiez marqué
dans vos lettres. N'eft-il pas fort étrange
qu'on ne puiffe découvrir ni cette femme ni fa maifon, dans aucune des rues
& des places où je me fuis imaginée,
fur quelqu'une de vos expreffions, qu'on
devoit la chercher? Il faut qu'il s'explique. Demandez-lui nettement le nom de
la rue, s'il ne vous l'a point encore appris; & ne manquez pas de m'en inftruire. S'il balance à vous fatisfaire fur
ce point, c'eft une preuve qui n'en laiffe

plus d'autre à defirer. N'en avez-vous pas même affez, fans cette confirmation?

Je chargerai Collins de ma lettre. Il change, pour m'obliger, le jour ordinaire de fon depart : & je lui ordonne, à préfent que je fais votre demeure, d'effaier s'il pourra vous remettre le pacquet en mains propres. S'il n'en trouve pas l'occafion, il le laiffera chez Wilfon. Comme il n'eft arrivé, par cette voie, aucun accident à nos lettres, dans un tems où vous aviez moins à vous louer des apparences, j'efpère que celle-ci n'ira pas moins furement jufqu'à vous.

Dans mon premier trouble, je vous avois écrit une lettre qui ne contenoit pas vingt lignes, mais pleine d'effroi, d'allarme & d'execrations. Enfuite, craignant qu'elle ne fît trop d'impreffion fur vous, j'ai pris le parti de fufpendre un peu mes éclairciffemens, pour me mettre en état de recueillir d'autres circonftances & d'y joindre mes reflexions. Enfin, je m'imagine qu'en vous aidant de vos propres découvertes, vous êtes maintenant affez armée pour refifter à toutes fortes d'entreprifes & de complôts.

Je n'ajoute qu'un mot. Donnez-moi vos ordres, fi vous me jugez propre à vous rendre le moindre fervice. Je mets l'opinion publique, la cenfure, & je crois même la vie, au-deffous de votre honneur & de notre amitié. Votre honneur n'eft-il pas le mien ? & votre amitié ne fait-elle pas la gloire de ma vie ?

Jeudi, à 5 heures du matin. J'ai eu la plume à la main toute la nuit.

Reprens haleine, Belford, pour lire attentivement la lettre fuivante.

A Mifs HOWE.

QUe vous m'avez caufé d'étonnement, ma chere amie, de trouble, de confufion, d'épouvante, par vos horribles informations ! Mon cœur *eft trop foible* pour foutenir cette atteinte, dans un tems où tout m'excitoit à l'efpérance ! lorfque ma perfpective fembloit heureufement changée ! Comment eft-il poffible que les hommes foient capables de tant de baffeffe & de mechanceté !

Je fuis réellement fort mal. La douleur, la furprife, & je puis dire, le défefpoir, l'ont emporté fur moi. Tout ce que vous m'aviez donné fous le nom de

conjecture, prend à mes yeux l'apparence
& la force d'une cruelle réalité.

Ah! si votre mere avoit la bonté de
m'accorder la vûe de ma confolatrice!
de la feule amie qui foit capable de ranimer un peu mon courage languiffant!
Mais gardez-vous, très-chere Miſs
Howe, de venir fans fa permiffion. Je
fuis trop mal à préfent pour penfer à
combattre cet homme terrible, ou à
fuir de cette affreufe maifon! Vous reconnoîtrez mon abbattement au défordre de mes caractères. L'état où je fuis
fera ma fureté, s'il étoit vrai qu'il eût
médité quelque infâme deffein. Pardonnez, très chere amie, ah! pardonnez
les embarras que je vous ai caufés. Tout
approche de fa fin.... Mais pourquoi,
peine fur peine, douleur fur douleur!
Encore une fois, je vous recommande,
chere Miſs Howe, de ne pas penfer à
venir fans la participation & le confen-
tement de votre mere.

He-bien, Belford. Que penfes-tu de
cette lettre? Miſs Howe fe met au-deffus de l'opinion publique & de la cenfure. Crois-tu qu'une lettre de ce ftile
n'amenera point cette petite Furie, dût

elle fe mettre dans un des paniers de Collins & fa femme de Chambre dans l'autre ? Elle fait à préfent où s'adreffer. J'ai
puni plus d'une de ces petites friponnes,
pour avoir porté trop loin leur curiofité;
& je reduis toute leur punition à leur
donner un peu plus de lumière & d'expérience. Que dirois-tu, Belford, fi
réuffiffant à faire arriver ici cette *virago*,
& lui donnant quelques juftes raifons
d'écrire une lettre lamentable à fon amie,
j'étois affez heureux pour rappeller par
cette voie ma belle fugitive ? Pourroit-
elle fe difpenfer de venir voir une amie,
qui ne fe feroit jettée dans la fituation
dont elle eft perfidement échappée, que
pour lui rendre les devoirs d'une tendre
amitié ?

Laiffe - moi jouir de cette idée. Ferai-
je partir la lettre ? Tu vois qu'aiant fait
contre-faire fon écriture par l'adroite
Sally, j'ai prévenu les objections qui
pourroient lui venir à l'efprit contre
l'exactitude de l'imitation. Leur dois-je à
toutes deux plus de ménagement ? As-
tu remarqué comment cette enragée
d'Howe ménace fa mere. Ne mérite-t'elle
pas d'être punie ? & quand ma vangeance
s'exerceroit fur ces deux filles autant
qu'elles ont l'imprudence de m'y exciter,

ferois-je plus diable, plus infame, plus
monstre qu'elles n'osent me nommer dans
leurs lettres ? Lorsque j'aurai satisfait
une fois mon ressentiment, avec quelle hu-
milité charmante ne se retireront-elles
pas toutes deux dans le coin d'une Pro-
vince, pour y vivre ensemble, & pour
se reduire au célibat qui paroit avoir tant
de charmes pour l'une & l'autre, par
des motifs bien plus raisonnables que celui de leur suffisance & de leur orgueil ?

Il faut que je transcrive sur le champ
cette curieuse lettre. Les déliberations
viendront à la suite. Cependant que m'a
fait le pauvre Hickman, pour meriter ce
traitement de moi ? Mais ce seroit pu-
nir glorieusement la mere, de sa sordide
avarice & de ses mauvaises manières
pour l'honnête Monsieur Howe, qu'elle a
fait mourir de chagrin. Je suis impatient, Belford, d'entreprendre ce projet. Tous les païs du monde ne sont-ils
pas égaux pour moi, si je suis obligé de
quitter encore une fois le mien ?

Mais je ne veux rien donner au hazard. On m'assure que cet Hickman est
bon homme. J'aime les bonnes gens, &
je

je ne defefpère pas d'être quelque jour du nombre. Dailleurs j'ai appris de lui, depuis peu de jours, quelques particularités, qui paroiffent prouver qu'Hickman a une ame: quoi que j'euffe cru jufqu'à préfent que s'il en avoit une, elle étoit trop enfoncée pour fe faire remarquer; excepté peut-être dans quelques occafions extraordinaires, après lefquelles, il m'avoit paru qu'elle rentroit dans fa retraite *adipeufe*. C'eft un homme chargé d'embonpoint. Ne l'as tu jamais vû?

Au fond, la principale raifon qui m'arrête (car le projet me tente beaucoup) c'eft la crainte de voir toutes mes efpérances renverfées, fi ma lettre n'arrivoit pas affez tôt, ou fi Mifs Howe prenoit du tems pour déliberer, & pour fonder les difpofitions de fa mere. Il pourroit arriver qu'elle reçut dans l'intervalle une lettre de fon amie. Quelque lieu que cette Beauté fugitive ait choifi pour azile, je ne doute pas que fon premier foin ne foit de lui écrire. J'en conclus qu'il faut s'armer de patience, & prendre du tems pour me vanger de cette Furie. Mais malgré toute ma compaffion pour Hickman (dont le caractère excite quelquefois mon envie, car c'eft un de ces mortels qui mettent la ftupidité en honneur dans l'esprit des meres, au grand malheur des jolis hommes tels que nous, & souvent au grand mécontentement des jeunes filles) je jure, par tous les Dieux du premier & du second ordre, que j'aurai Miss Howe, si je pers l'espérance d'obtenir son amie, qui est incomparablement au-dessus d'elle. Alors, si les flammes de l'amitié sont aussi vives entre ces deux Beautés qu'elles le prétendent, quel avantage ma Charmante aura-t'elle tiré de son évasion ?

LETTRE CCXIV.

Miss Clarisse Harlove, à Miss Howe.

Jeudi au soir, 8 de Juin.

APrès ma dernière letre, qui vous a paru si remplie d'espèrance, celle-ci vous causera beaucoup d'étonnement. O ma chere amie ! Lovelace s'est fait connoître enfin pour un mal-honnête homme. C'est avec la dernière difficulté que je me suis garantie de ses insultes, la nuit dernière. Il n'a pas laissé de m'arracher une promesse de pardon, & celle de le

voir le jour fuivant, comme s'il n'étoit
rien arrivé d'offençant pour moi : mais à
moinsque de m'être trouveé dans l'impof-
fibilité abfolue de fuir un Miférable que
je foupçonne d'avoir mis exprès le feu à
la maifon pour me faire tomber prefque
nue dans fes bras, comment aurois-je
pû confentir à le voir après cette fatale
avanture ?

Je fuis échappée à fon infâme complôt; graces au Ciel ! je fuis échappée !
Il ne me refte plus d'autre fujet de peine,
que d'avoir perdu la feule efpérance qui
pouvoit me rendre un tel mari fuporta-
ble ; celle de ma reconciliation avec ma
famille, dont mon oncle s'eft chargé de
fi bonne grace.

Tous mes defirs fe bornent préfente-
ment à trouver quelque famille honorable, ou quelque perfonne de mon fexe,
qui foit obligée de paffer la mer ou qui
aille s'établir dans un païs étranger ; peu
m'importe lequel : je choifirois, fi j'en
avois la liberté, quelqu'une de nos Colonies d'Amerique, pour être à jamais
oubliée de mes parens, que j'ai fi mortellement offenfés. Que votre cœur généreux ne foit pas trop attendri de cette
refolution. Si je puis échapper à la plus
terrible partie de la malediction de mon

pere (car celle qui regarde cette vie est
deja remplie si cruellement , qu'elle me
fait trembler pour l'autre) je regarderai
la perte de ma fortune temporelle comme
une heureuse composition. Il n'est pas
besoin non plus que vous me renouvelliez
les offres , sur lesquelles votre bonté vous
a fait insister tant de fois. J'ai mes ba-
gues & d'autres effets de quelque prix,
qui m'ont été envoiés avec mes habits,
& qui étant changés en argent, pourront
fournir à tous mes besoins , jusqu'à ce que
la providence m'ouvre quelque voie de
m'occuper utilement ; du moins , si pour
augmenter ma punition, la vie m'est pro-
longée plus longtems que je ne le desire.

N'attribuez pas ce plan, ma chere amie,
à l'abbatement de mon courage , ni à ce
tour d'imagination romanesque dont
nous avons souvent observé les effets sur
les jeunes personnes de notre sexe. Considerez ma triste situation , dans le jour
sous lequel il me semble qu'elle doit être
envisagée par tous ceux qui en seront informés. Premiérement , l'homme qui a
l'audace de s'attribuer des droits sur moi,
va s'efforcer de me suivre à la trace , &
me chercher comme un meuble égaré.
Qui sait s'il n'exercera pas impunément
ses violences ? Je n'ai personne dont la

protection puisse me mettre à couvert.
En second lieu, ma Terre, cette Terre
qui excite tant de jalousie & qui est l'o-
rigine de toutes mes infortunes, ne sera
jamais à moi, s'il faut avoir recours,
pour l'obtenir, aux voies communes de
la justice. Quel avantage me reviendra-
t'il de pouvoir me vanter que j'ai plus de
bien que je n'en desire ou que je n'en puis
emploier ? La seule grace que je deman-
derai quelque jour à mon pere, sera
d'assurer, sur mon revenu, une petite
pension à ma chere Madame Norton,
pour lui faire passer doucement le reste
de ses jours ; & de distribuer tous les ans
une autre petite somme en aumônes,
dans l'unique vûe que ceux qui auroient
eu droit à mes bienfaits se ressentent le
moins qu'il me sera possible des confe-
quences de ma faute. Ce devoir une fois
rempli, que le Ciel benisse ma famille,
& qu'elle jouisse tranquillement du reste !

Vous expliquerai-je d'autres raisons,
qui m'attachent à la resolution dont j'ai
parlé ?

Le cruel personnage fait que je n'ai
pas au monde d'autre ami que vous.
Quand vous trouveriez le moien de me
procurer quelque retraite obscure dans
votre voisinage, il ne faut pas douter que

ſes recherches ne tournent dabord de ce
côté là; & vous vous trouveriez alors ex-
poſée à de nouveaux embarras, plus
facheux encore que tous ceux dans leſquels j'ai deja eu le malheur de vous engager.

Je n'ai pas de protection à me promettre de M. Morden, quand ſon retour ſeroit auſſi peu éloigné que je me l'imagine.
La lettre que j'ai reçue de lui ne doit laiſſer aucun doute que mon frere ne l'ait
engagé dans ſon parti. Dailleurs je ne
voudrois pas expoſer un homme ſi eſti-
mable, au danger qui le menaceroit de
la part d'un furieux.

En partant de ces principes, quel
meilleur parti pour moi que de paſſer
dans quelqu'une de nos Colonies, d'où je
ne donnerai de mes nouvelles qu'à vous;
avec la reſtriction de ne vous en donner
à vous-même, qu'après m'être fixée dans
quelque ſituation qui convienne à ma
fortune & à mes vûes; car ce n'eſt pas
une petite partie de mon chagrin, que
le blame de mes fautes puiſſe rejaillir ſur
vous, ma très-chere amie; helas! ſur
vous, à qui je me flattois autrefois de
cauſer plus de ſatisfaction que de peine.

Je ſuis actuellement dans le Village
d'Hamſtead, chez une femme qui ſe

nomme Madame *More*. Mon cœur ne m'a rien promis d'heureux dans ce lieu, parce que j'y suis venue plus d'une fois avec mon Perfecuteur : mais la voiture publique s'est préfentée si à propos vers la Barrière d'Holborn, que je n'ai rien eu de mieux à choifir. Je ne m'y arrête néanmoins, que pour me donner le tems de recevoir votre reponfe. Marquez-moi, je vous prie, fi par le fecours de Madame Townfend, je puis efpérer de me cacher à toute la terre, pendant la prémiére chaleur des recherches dont je me crois ménacée : heureufe, fi j'avois eu plutôt recours à fon affiftance! Je me figure que Depford eft un lieu affez favorable pour mes autres vûes. Il me fera facile d'y être informée des paffages, & de me rendre à bord fans aucun danger. Alors j'apporterai tous mes foins à tirer parti de mon fort. Joignez-vous à moi, ma chere, ma feule amie, pour fupplier le Ciel que mon châtiment foit borné à cette vie, & à mes afflictions préfentes.

Cette lettre fervira d'explication à quelques lignes que vous devez avoir reçues de moi par la voie de Wilfon, & que je n'ai fait porter chez lui que par feinte, dans la vûe d'éloigner un valet, qu'on n'avoit apparemment laiffé près de

moi que pour m'obſerver. Il eſt revenu ſi
vîte, que j'ai été forcée d'écrire un autre
billet, que je lui ai donné ordre de porter
à ſon Maître dans la même vûe ; & ce
ſecond expédient m'a reuſſi. J'avois écrit,
dès le matin, une lettre fort amére au
Miſérable ; & l'aiant laiſſée dans un lieu
facile à découvrir, je ſuppoſe qu'elle eſt
à préſent entre ſes mains. Je n'en ai pas
gardé de copie ; mais il me ſera aiſé de
m'en rappeller la ſubſtance, lorſque je
ſerai aſſez libre pour vous faire le recit de
toute l'avanture.

Je ſuis ſure que vous approuvez ma
fuite; d'autant plus que les femmes de cette maiſon doivent être des créatures fort
mépriſables. Elles m'ont entendue crier
au ſecours ; je ne puis douter qu'elles ne
m'aient entendue. Si le feu n'avoit pas
été un artifice concerté, quoique le matin j'aie affecté de le croire réel pour leur
ôter toute défiance, elles n'auroient pas
été moins allarmées que moi. Elles ſeroient venues pour me raſſurer, ſuppoſé
que la cauſe de mes cris eût été la crainte
du feu, ou pour me ſecourir dans tout
autre danger. Cette infâme Dorcas prît
la fuite, auſſitôt qu'elle vît ſon Coupable
Maître paſſer les bras autour de moi. Bon
Dieu ! ma chere, je n'avois que mes

mules & un simple juppon. L'effroi m'avoit fait sauter de mon lit, comme si j'eusse été ménacée d'être reduite en cendre au même moment. Dorcas me quitter dans cet état ! Ne pas revenir, elle ni les autres ! Cependant j'entendis des voix de femmes dans une chambre voisine ; c'est de quoi je suis très-sure : & ce qui me paroît une preuve évidente de quelque complôt. Dieu soit loué; je suis hors de cette maison !

Mais je ne suis pas hors de crainte. J'ai peine encore à me croire en sureté. Chaque homme bien mis que j'apperçois de mes fenêtres, à cheval ou à pied, je le prens pour mon cruel Persecuteur.

Vous vous hâterez, sans doute, de me faire quelque mots de reponse. Je me procurerai, le plutôt qu'il me sera possible, un homme à cheval, pour vous porter ma lettre. Il n'y a pas d'apparence que vous puissiez me repondre par la même voie, puisque vous serez obligée de voir auparavant Madame Townsend. Cependant j'attendrai de vos nouvelles avec une extréme impatience. Songez que je n'ai point d'autre amie que vous ; qu'étrangere comme je suis dans ce canton, je ne sais de quel côté tourner, ni quel lieu je dois choisir, ni à quelle re-

folution je dois m'arrêter. Connoiffez-
vous rien de fi terrible !

Madame More , chez laquelle je
fuis, eft une veuve de fort bonne reputation. Du moins , c'eft le témoignage
qu'on m'en a rendu dans une boutique
voifine, où j'ai acheté un mouchoir, pour
avoir occafion de m'informer de fon caractère. Je ne mettrai pas le pied hors de
fa maifon , jufqu'à ce que j'aie reçu votre
reponfe. Dans la vûe de me dérober
plus furement , j'ai feint, en defcen-
dant du Coche , d'attendre une chaife
que j'efpérois de rencontrer en chemin,
pour me rendre à *Hendon*, petit Village
peu éloigné de Hamftead ; & prenant
en effet cette route , je me fuis promenée
quelque tems fur la hauteur , fans favoir
dabord à quoi me déterminer , mais enfuite , dans le deffein de m'affurer que je
n'étois pas obfervée avant que de me
hazarder à chercher un logement.

Vous aurez la bonté ma chere , de m'a-
dreffer votre lettre , fous le nom de Mifs
Henriette Lucas.

S je ne m'étois pas échappée avec tant
de bonheur , j'étois refolue de recom-
mencer plufieurs fois mon entreprife.
Le Monftre m'avoit écrit qu'il devoit
fortir pour aller à l'Officialité ; car mal-

gré la promesse qu'il m'avoit arrachée,
je refusois constamment de le voir. Après
une faute capitale, qu'il est difficile,
ma chere, d'en éviter un grand nombre
d'autres, qui viennent comme nécessai-
rement à la suite! La crainte de manquer
de succès, dans mon premier effort,
m'avoit fait prendre le parti de lui déclarer que je ne jetterois pas les yeux sur lui
de toute une semaine; pour me procurer
le tems de tenter mon dessein par differentes voies. Si j'avois été trop observée,
j'aurois pris le parti, après l'exemple que
j'avois eu de son intelligence avec les
femmes de la maison, de descendre
brusquement, de sortir dans la rue, &
de me jetter dans la prémiére maison
que j'aurois trouvée ouverte, pour y
demander la protection des premiéres
personnes qui se seroient présentées.
Quel nom donnerez-vous à des femmes,
qui ont été capables d'abandonner une
malheureuse personne de leur sexe dans
une telle situation ! Dailleurs je leur ai
trouvé l'air si coupable, la contenance
si embarrassée, lorsque j'ai consenti à les
voir, tant d'empressement à me faire
monter au second étage, pour me convaincre, par la vûe des rideaux & du
lambris brûlé, que l'incendie avoit été

réel, qu'en feignant de croire tout ce qu'elles s'efforçoient de me perſuader, je me confirmois dans la reſolution de fuir à toutes ſortes de riſques.

En prenant la plume, je m'étois propoſé de vous faire une lettre très-courte. Mais quelque ſujet que je traite, je ſuis embarraſſée à finir, lorſque c'eſt à vous que j'écris. Ce ſujet de reproche n'eſt pas nouveau. Ainſi, n'attribuez pas uniquement ma longueur à l'embarras d'une malheureuſe ſituation; quoique mes peines ſoient capables d'occuper entiére- ment toutes les facultés de mon ame.

LETTRE CCXVI.

M. LOVELACE, à M. BELFORD.

Vendredi, à 2 heures du matin.

VIctoire ! Triomphe ? Aide-moi, Belford, à chanter victoire & triomphe. Quel heureux homme que ton ami! Sotte petite Novice, de ſe faire entendre, en donnant ſes ordres au Cocher, & de choiſir Hamſtead pour retraite, entre tous les Villages voiſins de Londres; un lieu où je l'ai menée pluſieurs fois !

Il me semble que j'ai quelque regret de lui voir si peu d'habileté. Je commence à craindre qu'il ne me soit trop facile de la retrouver. Que n'a-t'elle sû combien la difficulté releve pour moi le prix des choses ? Avec la moindre envie de m'obliger, elle ne se seroit point arrêtée si près de Londres.

Après ces chants de joie, tu me demandes si j'ai déjà fait rentrer ma Charmante sous le joug. Non, Belford. Mais savoir où elle est, c'est à peu près comme si je l'avois en mon pouvoir. C'est un plaisir delicieux pour moi, de me représenter sa surprise & son effroi, lorsqu'elle me verra sortir de terre devant elle. Quel air coupable elle va prendre, à la vûe d'un Amant outragé, d'un mari reconnu, qu'elle n'a pû quitter sans la plus noire *félonie !* Compte que mon attentat nocturne est plus qu'effacé.

Mais tu dois être impatient d'apprendre comment je suis parvenu à la découvrir. Lis la lettre que tu trouveras jointe à celle ci. Si tu te souviens des instructions que j'ai données de tems en tems à mon valet, dans la crainte du malheur qui m'est arrivé, elle t'apprendra tout ce qu je dois attendre de sa diligence & de ses soins, s'il pense à reparoître ja-

mais aux yeux d'un Maître irrité. Il n'y
a pas une demie heure que je l'ai reçue.
J'allois me mettre au lit, tout vêtu ;
mais elle a reveillé si vivement mes es-
prits, que la nuit ne m'a point empêché
d'envoier sur le champ des ordres à *Blunt*,
pour avoir un carosse à la pointe du jour :
& ne sachant que faire de moi, non-seulement j'ai pris la plume pour t'écrire
dans la joie de mon cœur, mais j'ai me-
dité sur la conduite que j'ai à tenir lorsque je me préfenterai devant ma Charmante ; car je prévois toute la peine que
j'aurai, à combattre sa mauvaise humeur.

Monsieur, mon très-honoré Maître,

(*) Celle-ci est pour vous certifier que
je suis à Hamstead, où j'ai trouvé Madame, logée chez la veuve More. J'ai
pris de si bonnes mesures, qu'elle ne
peut faire un pas dont je ne sois informé.
Je n'aurois jamais ofé regarder mon
Maître entre deux yeux, si j'avois
manqué la trace ; après avoir eu le
malheur de perdre Madame pendant
mon absence, qui n'avoit pas duré néanmoins plus d'un quart d'heure. Comme
je suis certain que cette nouvelle vous fera

____

(*) Le stile de cette lettre est fort grossier dans l'o-
mission : l'imitation seroit choquante en François,

beaucoup de plaisir, j'ai promis cinq schellings au Porteur. Il n'a pas voulu partir à moins, parce qu'il est près de minuit; & quoiqu'il me reste une bonne partie de votre argent entre les mains, je n'ai pas jugé à propos de le paier d'avance, pour être plus sur de sa fidelité. Ainsi, Monsieur aura la bonté de le satisfaire.

Madame n'a aucune connoissance de ce qui se passe autour d'elle. Mais j'ai cru devoir faire la garde ici moi-même, parce qu'elle n'a pris son logement que pour quelques nuits.

Si Monsieur vient demain, il me trouvera, pendant tous le jour, près de la grande boutique du Mercier, qui n'est pas loin du logement de Madame. J'ai emprunté un habit, d'une couleur differente du mien, & j'ai pris une perruque noire; de sorte que Madame ne me reconnoîtroit pas, quand le hazard feroit tomber ses yeux sur moi. Mais, pour me deguiser encore mieux, je me plains d'un mal de dents, qui m'oblige de tenir mon mouchoir à la bouche; & ce n'est pas blesser beaucoup la verité, car il me reste encore de la douleur de cette dent, que Monsieur se souvient de m'avoir cassée d'un coup de poing.

Les incluses font deux lettres que Madame m'avoit ordonné de porter, avant qu'elle eût quitté la maison; l'une, chez M. Wilson pour Miss Howe ; l'autre, pour Monfieur. Mais je favois que Monfieur n'étoit pas dans le lieu où la fienne étoit adreffée ; & la crainte de ce qui eft arrivé m'a fait prendre le parti de la garder. J'ai fait croire à Madame que j'avois porté celle de Miss Howe chez M. Wilfon, & que je n'y avois rien trouvé pour elle, comme elle defiroit de le favoir. Sur quoi, je prens la liberté de me dire, Monfieur & très-honoré Maître, votre très-humble, &c.

Will Sommers.

Tu vois que ce coquin ne manque pas d'intelligence. Il eft clair que les deux lettres qu'il appelle incluses n'ont été écrites que pour l'écarter ; & celle qui m'eft adreffée, pour me donner le change à moi même. Voici le billet à Miss Howe, qui ne contient que trois lignes.

Jeudi, 8 de Juin.

Je ne vous écris, ma chere Miss Howe, que pour tenter fi le paffage eft ouvert à mes lettres. Vous en recevrez bientôt une

fort longue, ſi je ne ſuis pas miſérable-
ment prévenue. Helas ! helas !

CL. HARLOVE.

Crois-tu, Belford, que cette ruſe ne
juſtifie pas les miennes ? N'eſt ce pas
uſurper mes droits ? & n'en ſommes-nous
pas venus, par degrés, à voir qui des deux
fera le plus habile à tromper l'autre ?
Graces à mon Etoile, il me ſemble qu'à
préſent nous n'avons rien à nous reprocher ſur ce point ; & tu te figures bien
que ma conſcience en eſt fort ſoulagée.

Voici la ſeconde des incluſes de Will.

Jeudi, 8 de Juin.

Ne me donnez pas ſujet, M. Lovelace, de craindre les ſuites de votre retour, ſi vous ne voulez pas que je vous
haïſſe toute ma vie. Ecrivez-moi deux
mots par le Porteur, pour m'aſſurer que
d'une ſemaine entiére vous n'entrepren-
drez point de me voir. Je ne pourrois
vous regarder en face, ſans un mélange
égal de honte & d'indignation. La grace
que je vous demande, de m'obliger ſur
ce point, ne ſera point une expiation
fort penible de l'infame traitement que
j'ai reçu de vous cette nuit.

Vous pouvez prendre ce tems pour faire un voiage chez votre oncle : & je ne doute pas que si les Dames de votre famille sont aussi-bien disposées pour moi que vous m'en avez assurée, vous ne puissiez en engager du moins une à m'honorer de sa compagnie. Après la conduite que vous avez tenue avec moi, vous ne serez pas surpris que j'exige cette preuve de votre honneur pour l'avenir.

Si le Capitaine Tomlinson vient dans l'intervalle, je puis l'entendre, & vous écrire ce qu'il m'aura communiqué. Mais si vous me voiez avant la fin de la semaine, vous n'en aurez l'obligation qu'à quelque nouvelle violence, dont vous ne considerez pas les suites. Accordez-moi donc les deux mots que je vous demande, du moins si vous souhaitez que je confirme le pardon que vous m'avez arraché.

CL. HARLOVE.

Parlons de bonne foi, Belford. Que peux-tu dire, à présent, en faveur de cette chere friponne ? Il paroît qu'elle étoit pleinement déterminée à la fuite, lorsqu'elle m'écrivoit dans ces termes. Elle vouloit par consequent m'armer contre moi-même, en me pressant de lui accorder une femaine, dont elle croioit avoir befoin; & plus méchamment encore, elle vouloit me charger de la folle commiffion d'amener à Londres une de mes coufines, pour nous donner la fatisfaction d'apprendre à notre arrivée fon évafion & ma honte éternelle. Crois-tu qu'il y ait quelque punition affez fevére pour ce noir petit Demon?

Mais obferve, je te prie, quel air plaufible elle donne, par ce billet, à la refolution de ne me pas voir d'une femaine, fuppofé qu'elle ne trouvât pas plutôt l'occafion de s'évader. Vois comment la provifion d'eau & de bifcuit fe trouve expliquée; tout pueril que nous a paru cet expédient.

Le Caroffe ne paroît point encore; & quand il feroit arrivé, je m'apperçois qu'il n'eft pas jour, & qu'il eft trop tôt pour tout, excepté pour mon impatience. Comme j'ai deja pris mes mefures, & que je ne puis m'occuper que de mon triomphe, je vais relire fa violente lettre (*), pour me fortifier dans mes refolutions. Jufqu'à préfent, mes idées ont été fi noires, que je n'ai pas voulu m'arrêter trop à ce qui n'étoit capable que d'en augmenter le trouble.

____

(*) Celle qu'il avoit trouvée dans fa chambre.

Mais, depuis que la perspective est changée , mon imagination plus gaie peut y repandre un peu d'agrément.

Lorsque j'aurai tiré de ma Charmante l'explication de quelques endroits de sa lettre , & que je lui en aurai fait expier d'autres , je te promets une copie de ce curieux ouvrage.

Il sufit à présent de te dire , en prémier lieu , *qu'elle est déterminée à n'tre jamais ma femme.* Assurement , Belford , la violence ne doit avoir aucune part aux cas de cette importance. C'est le crime de ses parens ; & je les ai trop condamnés, pour être capable de meriter le même reproche. Je suis bien aise de connoître ses intentions sur un point si essentiel.

Je l'ai perdue d'honneur, dit-elle. C'est un mensonge grossier , dans le sens même qu'elle le prend. Si j'avois fait ce qu'elle dit , peut-être n'auroit-elle pas pris la fuite.

Ille se voit jettée dans le vaste espace du monde. Je conviens que la colline de Hamstead lui offre des perspectives assez étendues ; mais ce n'est pas non plus le vaste espace du monde. Dailleurs , si c'est le sujet de ses plaintes , j'espère de la faire bientôt rentrer dans des bornes plus étroites.

Je suis tout à la fois l'ennemi de son ame & de son honneur. Maudit excès de sevérité, qui n'est après tout qu'un nouveau mensonge! La verité est, que j'aime fort son ame, mais que dans cette occasion je n'y pense pas plus qu'à la mienne.

La voila reduite à chercher des secours étrangers. N'est-ce pas sa faute? Rien n'est assurément plus contraire à mes desirs.

Elle se voit tombée de l'independance, dans un état de contrainte & d'obligation. Jamais elle n'a connu l'indépendance; & c'est un état qui ne convient à aucune femme, de quelque âge & de quelque condition qu'on la suppose. A l'égard de celui d'*obligation*; qu'on me nomme quelqu'un, parmi les vivans, qui n'y soient point assujeti. Les obligations mutuelles font l'essence & comme l'ame de la société. Pourquoi seroit-elle dispensée de cet aimable joug? Celui, dont elle fait aujourd'hui l'objet de sa fureur, ne souhaite pas d'en être exempt. Il a *dépendu* longtems d'elle. Toute sa joie seroit de lui avoir plus d'obligation qu'il ne peut s'en vanter jusqu'à présent.

Elle parle de l'imprécation de son pere. N'ai-je pas rendu cent fois le change à ce vieux Tiran? Dailleurs pourquoi fait-elle

tomber sur moi les fautes d'autrui? N'ai-
je pas assez des miennes ?

Mais je commence à découvrir les prémiers raions du jour. Reprenons en deux
mots : la lettre de cette chere personne
est un recueil d'invectives , qui ne sont
pas nouvelles pour moi, quoique l'occasion de les emploier puisse l'être pour elle.
J'y remarque un peu de contradiction
romanesque. Elle aime ; elle hait ; elle
m'encourage à pousser mon entreprise ,
en me faisant remarquer que j'en ai le
pouvoir; tandis qu'elle me supplie de n'en
point user. Elle appréhende l'indigence,
& n'en est pas moins resolue d'abandonner sa Terre ; en faveur de qui ? de ceux
qui ont causé toutes ses disgraces. Enfin,
quoi qu'elle ne veuille jamais être à moi,
elle a quelque regret de me quitter, parce
qu'elle voit des apparences d'ouverture
pour se reconcilier avec ses amis

Mais jamais l'aurore ne fut si paresseuse.
Le carosse se fait trop attendre aussi.

Un Gentilhomme qui demande à me
voir , Dorcas ? Hé qui peut avoir besoin
de moi si matin ?

M. Tomlinson , dis-tu ? Assurément

cet homme-là doit avoir marché toute la nuit. Mais comment a-t'il pû se promet-tre de me trouver deja levé ? N'importe. Que le carrosse arrive seulement. Le Capitaine, qui est la bonté même, ne fera pas difficulté de m'accompagner jusqu'au bas de la colline, quand il de-vroit être obligé de revenir à pied. Ainsi sans perdre un moment, je pourrai l'en-tendre & lui expliquer mes idées.

Fort-bien. Je commence à croire que cette fuite rebelle pourra tourner à mon avantage ; comme les revoltes, dans un Etat, tournent presque toujours au profit du Souverain.

Cher Capitaine ! quelle joie j'ai de vous voir ! Vous ne pouviez arriver plus à propos ! » Voiez, voiez l'aurore qui » vient ouvrir la porte du jour avec ses » doigts de rose, & la nuit qui se dé-» robe à l'approche du pere de la lu-» mière. Pardon, Monsieur, si je vous salue en stile poëtique. Celui qui se leve avec l'alouette, chantera comme elle. (*). Que d'étranges nouvelles, Capi-taine, depuis que je ne vous ai vû ! Impru-

(*) Proverbe Anglois.

dente Clarisse ! Mai; je vous connois trop
de bonté pour réveler à M. Julles Harlove les erreurs de cette Beauté capricieuse ! Elles peuvent se reparer. Il faut
que vous preniez la peine de m'accompagner une partie du chemin. Je sais que
votre plus grande satisfaction est de concilier les differends. C'est l'office de la
prudence, de remédier aux témérités de
l'imprudence & de la folie.

Mais le repos & le silence regnent encore autour de moi..... Qu'entens-je ?
c'est le bruit d'un carosse, qui retentit
dans l'éloignement. Je pars. Je vais revoir ma Charmante, mon Ange, mon
Idole ! Dieu d'Amour ! Ah ! c'est de ta
gloire qu'il est question. Recompense,
comme tu le dois, mes peines & ma
constance. Seconde mes efforts, pour
ramener sous ton empire cette charmante
Fugitive. Fais-lui reconnoître sa témé-
rité ! Qu'elle se repente de ses insultes,
qu'elle implore ma bonté, qu'elle me
demande de la recevoir en grace, &
d'ensevelir dans l'oubli l'odieux souvenir de ses offenses ; contre toi ! son maître
& le mien ; contre moi, le plus fidelle &
le plus volontaire de tes esclaves.

Enfin

Enfin, le caroſſe eſt à la porte..... Je ſuis à vous. J'y vole.... Paſſez, cher Capitaine ; je vous ſuis... De grace abregeons les civilités.

Que dis-tu, Belford, de ce Prologue, & de toutes les extravagances de ma joie ? Enfin, paré comme un jour de nôce, le cœur enflé de deſir & d'eſpérance, ſuivi d'un laquais que ma Belle n'a jamais vû, je pars pour Hamſtead, & je m'y crois deja.

LETTRE CCIXVII.

M. LOVELACE, à M. BELFORD.

*A Hamſtead Vendredi 9 Juin,
à 7 heures, du matin.*

C'Eſt de Hamſtead, cher ami, c'eſt de l'Hôtellerie du Coche que je t'écris. J'y ſuis depuis plus d'une heure. Quel eſprit induſtrieux j'ai reçu de la nature ! On ne me reprochera pas de m'endormir dans l'oiſiveté. Le plaiſir me coute cher.

Tome V. Part. I.   I

En verité je m'admire quelque fois moi-même. Avec une ame si active, j'aurois fait une figure éclatante, dans quelque état que le Ciel m'eût placé. Sur le trone, j'aurois été sans doute un des plus grands Rois du monde. J'aurois disputé le titre de Conquerant au fameux Macedonien. J'aurois entassé couronnes sur couronnes, & dépouillé tous mes voisins, pour meriter le nom de *Robert* * *le Grand.* J'aurois fait la guerre au Turc, au Persan, au Mogol, pour leur ferrails; & je n'aurois pas laissé, à tous ces Monarques Orientaux, une jolie femme sur laquelle je n'eusse assuré mes droits.

Après avoir pris toutes les informations qui conviennent à mes vûes, il me reste tant de loisir, que je puis l'emploier à t'écrire Cependant je me servirai de ma méthode d'abbreviation, pour menager le tems. Quoi qu'il soit encore trop tôt pour me présenter à ma Charmante, qui a besoin de repos après deux ou trois jours de fatigue, je te dois quantité d'éclaircissemens préliminaires, sans lesquels tu n'entrerois pas facilement dans l'ordre de mes opérations.

Je me suis séparé du Capitaine au pied de la colline, & je l'ai laissé triplement instruit; c'est-à-dire, pour les trois sup-

* Robert est son nom de Baptême.

positions du fait, du probable, & du possible. Si je puis revoir ma Charmante & faire ma paix avec elle, sans la médiation de ce digne Conciliateur, je m'en rejouirai beaucoup. C'est mon ancienne maxime en amour, d'y emploier le moins de secours étrangers qu'il m'est possible ; & je regrette aujourd'hui de ne pouvoir me tenir à cette regle. Qui sait même si ma Charmante ne s'en trouver it pas mieux ? Je ne puis lui pardonner d'avoir poussé l'indifference pour moi jusqu'à m'abandonner réellement, sous un prétexte frivole, ou plutôt sans aucune apparence de raison. Si je la trouve trop difficile..... mais suspendons les ménaces, jusqu'à ce qu'elle soit en mon pouvoir. Tu sais quel est mon serment.

Voici toutes les circonstances que j'ai pû recueillir, du recit de Will, de celui des gens de l'Hôtellerie, & des informations que Will a tirées du Cocher.

Le Coche de Hamstead n'avoit encore que deux personnes, lorsque ma Belle y y est montée. Mais elle a feint d'être fort pressée ; & paiant pour les places vacantes, elle a fait partir aussitôt la voiture. En arrivant au terme, elle est descendue à l'Hôtellerie avec les deux Passagers, qui l'ont quittée sans doute

avec beaucoup de respect. Elle est entrée
dans la maison , elle a demandé l'usage
d'une chambre , pour une demie heure ,
sous prétexte d'y prendre une tasse de
thé. On lui a donné la chambre d'où je
t'écris. Elle s'est assise à la même table,
& , je crois , sur la même chaise où je
suis actuellement. Ah ! Belford , si tu
connoissois l'amour , tu sentirois le prix
de ces legeres circonstances !

Elle paroissoit fort abbatue. L'Hôtesse , charmée de sa figure , s'est crue
obligée de lui tenir compagnie Elle l'a
pressée de manger quelque chose avec
son thé. Non , a-t'elle repondu , je ne
me sens pas d'appetit. Cette femme lui
a proposé de goûter de ses biscuits , qui
étoient excellens. Ce qu'il vous plaira ,
lui a-t'elle dit. L'Hôtesse , étant sortie
un moment pour aller prendre quelques
biscuits , s'est apperçue à son retour que
la chere fugitive s'efforçoit de retenir des
marques de douleur, auxquelles il paroissoit qu'elle s'étoit abandonnée dans son
absence.

Cependant, lorsqu'on lui a servi le thé,
elle a prié l'Hôtesse de s'asseoir. Elle a
fait quantité de questions sur les Villages
voisins & sur les routes. L'Hôtesse a pris
la liberté de lui dire , qu'elle lui croioit

quelque sujet de chagrin. Les perfonnes fenfibles, a-t'elle repondu, ne quittent point leurs amis fans beaucoup de trifteffe. Ne feroit-ce pas de moi, Belford, qu'elle vouloit parler?

Elle n'a pas fait la moindre queftion fur les logemens: quoiqu'on doive juger, par la fuite, qu'elle ne fe propofoit pas d'aller cette nuit plus loin que Hamftead. Après avoir pris deux taffes de thé, elle a mis un bifcuit dans fa poche; tendre fille! apparemment pour lui fervir de fouper. Elle a laiffé fur la table un demi écu, dont elle a refufé de prendre le refte; & pouffant un foupir, elle s'eft difpofée à partir, en difant qu'elle alloit continuer fon chemin vers Hendon. C'eft un des lieux dont elle avoit demandé la diftance. On lui a propofé d'envoier favoir, s'il n'y avoit pas quelque voiture de Hamftead, qui allat le même foir à Hendon. Elle a repondu que c'étoit prendre une peine inutile, parce qu'elle efpéroit de rencontrer une chaife qui venoit au devant d'elle. Autre de fes petites rufes, je fuppofe: car, depuis hier au matin, avec qui & comment auroit elle pû prendre un arrangement de cette nature?

Tous ceux qui l'ont vûe fe difoient

entre-eux, qu'un air si noble, dans sa figure & dans sa conduite, annonçoit une personne de qualité. Comme elle étoit sans aucune suite, & que ses beaux yeux (c'est l'expression de l'Hotesse) paroissoient rouges & enflés, ils n'ont pas douté qu'elle ne fut dans le cas d'avoir fui ses parens ou ses tuteurs ; car ils l'ont jugée trop jeune pour la croire mariée. Un mari, me disent-ils, n'abandonneroit point à elle-même une femme de cet âge & de cette beauté, ou ne lui causeroit pas les chagrins qu'elle porte écrits sur son visage. Ils ajoûtent, que pendant quelques momens, ils ont remarqué tant de trouble dans ses regards, qu'ils l'ont soupçonnée d'un funeste dessein contre elle-même.

Ces observations n'ont pas manqué d'exciter leur curiosité. Ils ont engagé un Domestique hors de condition, qui cherchoit un Maître, à suivre toutes ses traces. Je viens d'apprendre d'eux mêmes ce qu'il se vante d'avoir observé.

» Elle a pris effectivement son chemin
» vers Hendon ; mais en sortant de
» Hamstead, elle s'est arrêtée, pour
» jetter les yeux autour d'elle & dans la
» vallée qui s'offroit à ses pieds. Là,
» fixant ses regards sur Londres, elle a

» a porté fon mouchoir à fes yeux , fe
repentant peut-être de la démarche
témeraire où elle s'eft engagée , &
fouhaitant de pouvoir retourner fur
fes pas. Je le repéte , Belford, c'eft
le meilleur parti qu'elle puiffe prendre.
Malheur à la fille , qui après avoir penfé
à devenir ma femme , fera capable de
me fuir & de renoncer pour jamais à
moi !

» Enfuite , s'étant remife à marcher,
» elle s'eft encore arrêtée : & comme fi
» la route avoit commencé à lui déplai-
» re , après avoir recommencé à pleu-
» rer , elle eft retournée vers Hamftead.

Je fuis ravi qu'elle ait tant pleuré ;
parce que dans les plus grands chagrins ,
un cœur qui reçoit ce foulagement , devient capable de refifter à la douleur.
De-là vient, que je n'ai jamais été faché de voir une belle femme en pleurs.
Combien de fois n'ai je pas fouhaité depuis hier après-midi , de pouvoir pleurer
à chaudes larmes ?

» Bientôt, elle a vû venir vers elle un
» Caroffe vuide , à quatre chevaux.
» Elle a quitté le fentier qu'elle fuivoit,
» pour aller à fa rencontre ; dans le
» deffein apparemment de parler au
» Cocher , s'il s'étoit arrêté pour lui

» faire les premiéres queſtions. Il l'a
» regardée attentivement. Mais tous les
» paſſans lui paioient cette eſpèce de
» tribut ; ce qui ſervoit à lui rendre
» l'Eſpion moins ſuſpect. Heureux
coquin que ce Cocher, s'il avoit ſû qui
il pouvoit obliger & quel prix on auroit attaché à ſes ſervices ! Mais quel
malheur auroit été le mien, ſi ſa ſtupi-
dité ne m'avoit été auſſi favorable que
mon étoile ; » en un mot, il paroît qu'ils
» ont manqué tous deux de reſolution.
» Les chevaux ſuivant la route, le Co-
» chera tourné pluſieurs foisles yeux der-
» rière lui ; tandis que regretant l'occa-
» ſion qui s'éloignoit, elle a pouſſé des
» ſoupirs, elle a recommencé à verſer
» des larmes, qui ont été obſervées par
» l'Eſpion.

» Etant rentrée dans Hamſtead,
» elle regardoit au viſage chaque per-
» ſonne qu'elle rencontroit ; & pouſſant
» quelquefois ſon haleine ſur ſa main
» elle l'appliquoit ſur ſes yeux,
» pour en diſſiper la rougeur ou pour
» ſecher ſes larmes. Enfin la vûe d'un
» écriteau, qui offroit des logemens à
» louer, l'a fait avancer & retourner plu-
» ſieurs fois, comme incertaine du parti
» qu'elle devoit prendre. Elle n'a pas

» laiſſé de paſſer au-delà de cette maiſon;
» & l'Eſpion, arrêté alors par quelques
» gens de ſa connoiſſance, l'a perdue de
» vûe pendant quelques minutes. Mais
» il l'a bientôt vûe ſortir d'une boutique,
» accompagnée d'une ſervante, qu'elle
» avoit engagée, comme l'effet l'a
» prouvé, à la conduire dans la maiſon
» où elle eſt actuellement logée. Ne la
» voiant point reparoître, après l'avoir
» attendue plus d'une heure, il eſt re-
» venu à l'Hôtellerie, pour faire ſon ré-
» cit à ceux qui l'avoient emploié.

Le mien, Belford, eſt du genre dra-
matique. Ainſi regarde ce que tu as
lû juſqu'ici, comme le premier acte.
Mon valet, qui entre ſur la ſcéne, va
commencer le ſecond.

Il s'étoit procuré toutes ces informations avant mon arrivée, par le ſoin qu'il
avoit eu de raconter en échange diver-
ſes particularités dont j'ai chargé depuis
longtems ſa mémoire, en les lui repêtant
de bouche & par écrit. Ainſi, j'ai trouvé
les gens de cette maiſon dans mes intérêts. Ils m'ont repété tout ce qu'il leur
avoit dit, avec des ſouhaits pour le ſuccès de mon entrepriſe.

Mais il a commencé par me rendre
compte de l'idée qu'il leur avoit fait

prendre de ma Belle & de moi. C'eſt un
détail dont il eſt néceſſaire que tu ſois
informé. Cependant j'appréhende d'être
preſſé par le tems. Un domeſtique de
cette Hôtellerie m'aſſure, qu'étant ſorti
depuis un moment, il a vû Madame
Moore, à qui je deſtine ma premiére
viſite, entrer dans la maiſon d'une vieille
fille de ſon voiſinage, nommée Miſs *Rawlins*, ſi reſpectée pour ſa prudence, qu'aucune femme du Bourg n'entreprend rien
ſans la conſulter. J'ai chargé auſſitôt mon
honnête Cocher de veiller à la porte de
cet Oracle d'Hamſtead, pour m'avertir
du moment où Madame Moore retour-
nera chez elle. J'eſpère que leur entretien ne durera pas plus que mon recit,
dont je ne veux pas que tu perdes un ſeul
mot.

    ,, Will avoit donc raconté à ceux qui
,, avoient voulu l'entendre, que ſa Maî-
,, treſſe étoit mariée depuis peu à un
,, Gentilhomme des plus acccomplis,
,, mais ſi vif & ſi diſſipé, qu'étant mor-
,, tellement jalouſe, elle l'avoit quitté
,, dans un accès de cette furieuſe paſſion.
,, Quoiqu'elle l'aimât cherement, &
,, qu'étant une des plus belles femmes
,, du monde, comme ils en avoient pû
,, juger par leurs propres yeux, elle en

» fut adorée, sa jalousie, s'il étoit permis
» de le dire, (mais la vérité étoit la vérité)
» l'avoit rendue si capricieuse, que lors-
» qu'il refusoit d'entrer dans la moindre
» de ses vûes elle étoit toujours prête à le
» quitter. C'étoit un tour qu'elle lui
» avoit deja joué deux ou trois fois,
» mais avec toute l'innocence & toute
» la vertu du monde. Elle se retiroit or-
» dinairement chez une de ses intimes
» amies, jeune Demoiselle remplie
» d'honneur, quoique trop indulgente
» pour elle sur ce point, qui étoit à la vé-
» rité son unique defaut. Cette raison
» avoit porté son Maître à la mener à
» Londres, car leur residence ordinaire
» étoit à la campagne. Mais, pour avoir
» refusé depuis peu de la satisfaire, à l'oc-
» casion d'une femme avec laquelle on
» l'avoit vû au Parc de S. James, elle l'a-
» voit traité avec sa rigueur ordinaire,
» dez la première fois qu'elle étoit venue
» à la Ville, & le pauvre Gentilhomme
» étoit a demi fou de cette avanture.

» Ici, Will avoit plaint ma situation,
» les larmes aux yeux, & dans des ter-
» mes fort touchans. Ensuite, il avoit
» expliqué par quel hazard il avoit dé-
» couvert les traces de sa Maîtresse. En
» un mot, il les avoit fait entrer si vi-

» vement dans mes intérêts , qu'ils lui
» avoient prêté un habit pour se dégui-
» ser ; & qu'à sa prière , le Maître de
» l'Hôtellerie s'étoit informé , s'il étoit
» certain qu'elle eût pris un logement
» chez Madame Moore. Il avoit su par
» cette voie qu'elle s'étoit engagée pour
» une semaine , quoiqu'en même tems
» elle eût ajouté qu'elle ne croioit pas
» faire un si long sejour à Hamstead ; &
» c'étoit alors qu'il m'avoit dépêché un
» Exprés , avec ses premiéres explica-
» tions.

A mon arrivée , ma personne & mes
habits répondant fort-bien à la descrip-
tion de Will , tous les gens de l'Hôtellerie sembloient prêts à m'adorer. Je pous-
sois quelques fois un soupir. Quelquefois je prenois une contenance plus gaie,
mais qui laissoit voir un chagrin mal dé-
guisé , plutôt qu'une joie réelle. Ils ont
dit à Will , qu'il étoit bien facheux,
qu'une Dame si charmante fût d'une humeur si ombrageuse : que ces fuites in-
considerées l'exposoient à de grands dangers ; qu'il se trouvoit de tous côtés des
libertins (des Lovelaces à chaque pas,
Belford) sur tout aux environs de la
Ville ; que les gens de cette espèce
étoient capables de tout entreprendre ;

qu'ils pouvoient nuire du moins à sa reputation , & lui faire perdre tôt ou tard
l'affection de son mari. Conviens , Belford , que les gens de Hamstead sont de
fort bonnes ames.

J'ai fait appeller le Maître de l'Hôtellerie. J'apprens de mon valet , lui ai-je
dit gravement , qu'il ne vous a pas caché
les raisons qui m'amenent ici. Facheuse
avanture , Monsieur ! Très-facheuse
avanture ! Mais jamais femme ne fût
plus vertueuse que la mienne.

Il m'a repondu , qu'on ne pouvoit
prendre une autre opinion d'elle : qu'il
étoit bien malheureux qu'une jeune Dame fût capable de ces petits entêtemens,
sur tout avec un mari d'aussi bon naturel
que je le paroissois.

Un enfant gâté par sa mere , ai-je repris ; un enfant gâté , voilà tout le mal :
& poussant un soupir , il faut s'armer de
patience , ai-je ajouté. Ce que vous pouvez faire pour moi dans cette occasion ,
c'est de me prêter une redingotte ; n'importe laquelle. Si ma femme m'apper-
cevoit de loin , peut-être me seroit-il
difficile de lui parler. Une redingotte
avec un capuchon , si vous en avez une
de cette espèce Il faut que je m'approche d'elle , sans qu'elle puisse s'en défier.

Mon Hôte a paru craindre civilement
de ne pouvoir m'offrir une redingotte
digne de moi. Je l'ai assuré, que la plus
mauvaise seroit celle qui me conviendroit le mieux. Il m'en a présenté deux,
& j'en ai choisi une dont le capuchon
peut se boutonner sur le visage. Ne me
trouvez-vous pas l'air fort abbattu, lui ai-je
demandé avec un nouveau soupir ? Que
je suis à plaindre ! Cependant vous devez juger que ce n'est pas une legere consolation pour moi, de la retrouver avant
que le mal soit plus grand. Mais si je ne
puis la guerir de ces cruels caprices, elle
me fera mourir de chagrin. Avec tous
ses defauts, je l'aime à l'idolatrie.

L'Hôtesse, qui nous écoutoit à quelque distance, s'est approchée par un
mouvement de compassion. Puis-je savoir, Monsieur, m'a t'elle demandé
d'un ton radouci, si Madame est mere ?
Helas ! non, ai je repondu en soupirant.
Nous sommes mariés depuis peu. Je puis
vous assurer néanmoins que c'est sa faute,
s'il n'en paroît encore aucun fruit (tu
sais, Belford, si je mentois d'une sillabe) : mais, pour vous parler de bonne
foi, elle est d'une reserve.....

Je vous entens, a repris ma tendre
Hôtesse avec un sourire, Madame est

fort jeune. Je me souviens d'avoir connu
deux jeunes Dames de ce caractère om-
brageux. Mais comme elle vous aime
(& je la trouverois bien étrange en effet
de ne pas vous aimer) elle n'aura pas
plutôt l'espérance d'être mere, que ces
petites inégalités disparoîtront, & qu'elle
fera la meilleure de toutes les femmes.
C'est mon espérance, ai-je repondu.
Will ajustoit pendant ce tems-là ma redingotte, & me la boutonnoit sur le
menton. J'ai demandé à l'Hôtesse un peu
de poudre, dont j'ai parsemé legerement
mon chapeau ; & l'aiant mis sur ma tête,
je l'ai rabbatu d'un côté sur mes yeux.
Dans cet état, croiez-vous, Madame,
ai-je dit à l'Hôtesse, que je puisse être
reconnu ? Que vous l'entendez admira-
blement ! s'est elle écriée. Je ne suis pas
surprise, si vous me permettez de le dire,
que Madame ait eu quelque petit mouvement de jalousie. Assurément, si vous
avez soin de cacher le galon de votre
habit, il n'y a personne qui puisse vous
prendre pour le même, à moins qu'on ne
pût vous reconnoître à vos bas.

J'ai loué son observation. Auriez-vous,
ai-je dit à l'Hôte, une paire de gros bas
à me prêter ? Il n'est question que d'en
couper le pied, pour les chausser par

deſſus les miens Il m'a fait apporter ſur le champ des bas de botte , qui me font d'autant mieux , qu'ils donnent à mes jambes un air goûteux. La bonne femme s'eſt miſe à rire , & m'a ſouhaité du ſuccès. Son mari a fait de même. Tu ſais que je ne ſuis pas mauvais Comédien: J'ai pris une canne , que j'ai emprunté de l'Hôte ; & , pour m'exercer un peu à la marche d'un Goûteux , j'ai fait quelques tours dans le jeu de boule. C'eſt dans ce bizarre équipage que je t'écris. Will me raconte que pendant ma promenade , l'Hôteſſe diſoit à l'oreille de ſon mari : il n'eſt pas fait d'hier , j'en repons ; je gagerois hardiment que toute la faute n'eſt pas d'un côté. L'Hôte a repondu . que je lui paroiſſois ſi gai & de ſi bon naturel , qu'il ne comprenoit pas qu'on pût être de mauvaiſe humeur avec moi. Cet homme , Belford , juge fort bien. Il ſeroit à ſouhaiter que ma Charmante penſat comme lui.

Je vais eſſaier à préſent ſi je pourrai convenir , avec Madame More , d'un logement & d'autres commodités pour ma femme malade. Quoi ? Qu'eſt-ce qui t'étonne ici ? Oui, ma femme. Qui ſait quelles précautions la chere fugitive a pu prendre , dans la crainte qu'elle a de moi ?

Mais la bonne Moore a-t'elle d'autres logemens à louer ? Oui, oui, j'ai pris foin de m'en éclaircir, & je trouve qu'elle a précifement toutes les commodités dont j'ai befoin. Je ne fuis pas moins fûr que ma femme en fera fatisfaite ; parce que tout marié que je fuis, graces au Ciel j'ofe dire que je fuis le maître. Si Madame Moore n'avoit eu qu'un grenier de refte, je ne l'aurois pas trouvé moins de mon goût, en prenant la qualité d'un pauvre Auteur menacé de la prifon, pour avoir ufé trop librement de fa plume, qui cherche un azile, & qui a fait quelque argent de fes petits meubles pour être en état de paier fon loier d'avance. Il n'y a point de rolle auquel je ne puiffe m'ajufter.

Enfin la veuve More a repris le chemin de fa maifon. Silence mon cœur, car je vous crains ici plus que ma confcience.

Examinons s'il n'eft pas à propos de prendre d'abord une voix enrouée..... Mais j'oublie quelque chofe de plus important. Marquerai je de la colère ou de la joie, lorfque je paroîtrai devant ma

Charmante ?..... De la colère, à coup
sur. N'a-t'elle pas violé sa promesse ? &
dans un tems où je méditois de lui rendre
une généreuse justice ? Entre les honnêtes gens, l'infidelité n'est-elle pas un
horrible crime ? Ma regle, pour juger
des actions & des choses, a toujours été
moins leur nature, que le caractère des
Acteurs : & sur ce principe, il seroit aussi
ridicule de voir un libertin fidelle à ses
engagemens d'amour, qu'il est noir pour
une femme d'y manquer.

Ah ! cher Belford, remarques tu que
cette gravité hors de saison n'est que pour
appaiser les palpitations d'un cœur difficile à gouverner ? Mais je saurai le reduire. Je le rendrai tranquille, pendant
le chemin que j'ai à faire dans ma voiture.
Que ce chemin est court, néanmoins !
Est-ce la peine de monter ? Oui, mon-
tons. Ne suis-je pas un pauvre gouteux ?
Dailleurs, c'est flatter Madame More,
que de paroître avec un équipage pour
lui demander un logement. Quelle Veuve, quelle Servante de Hamstead, ose-
roit faire la moindre question à l'homme d'importance qui se présente dans un
carosse ?

J'abandonne mon Cocher & mon Laquais à la direction de Will. Jamais co-

quin ne fut plus hideux qu'il le paroît dans son déguisement. Il ne peut être reconnu que du diable & de son autre maître, qui lui ont tous deux imprimé leur marque. Pour la mienne, il la portera toute sa vie ; car je prévois qu'il sera pendu, avant que l'âge fasse tomber le reste de ses dents, avec celle qu'il se vante d'avoir perdue par mes coups.

Je pars. Compte que je suis parti.

LETTRE CCVXIII.

M. LOVELACE, à M. BELFORD.

Hamstead, Vendredi au soir.

PRépare ton attention Belford, pour le chef-d'œuvre des recits. Je le continuerai, comme les circonstances me le permettront ; mais avec tant d'habileté que si je l'interromps vingt fois, tu ne pourras t'apercevoir où le fil sera rompu.

Les douleurs de ma goûte ne m'ont point empêché de descendre de mon carosse, pésamment appuié d'une main sur ma canne, & de l'autre sur l'épaule de mon Laquais. J'ai observé de me trouver à la porte, au même moment que j'y ai fait frapper; pour être plus sûr d'en obtenir l'entrée. Ma redingotte étoit boutonnée soigneusement; & j'en avois couvert jusqu'au pommeau de mon épée, qui étoit un peu trop gai pour mon âge. Il y avoit peu d'apparence que j'eusse l'occasion d'emploier mon épée. En marchant vers la porte, je me suis pressé plusieurs fois les yeux pour en adoucir l'éclat, (passe cette rodomontade à ma vanité, Belford;) j'ai ramené mon capuchon sur mes joues : & mon chapeau bordé, avec ce qui paroissoit de ma perruque, me donnoit l'air d'un bel homme un peu suranné.

La porte s'est ouverte. J'ai demandé à voir la Maîtresse du logis. La Servante m'a conduit dans le *Parloir*. Je me suis assis, avec l'exclamation d'un homme qui souffre.

Madame More est venue. Votre serviteur, Madame. Pardon, si je ne puis me lever. Votre affiche m'a fait connoître que vous avez des logemens à louer. Aiez la bonté de m'expliquer en quoi ils consistent. J'aime votre situation, & je vais vous expliquer de quoi ma famille est composée. J'ai ma femme, qui est un peu plus agée que moi, & d'une fort mauvaiſe ſanté , à qui l'on a conſeillé de prendre l'air de Hamſtead. Nous aurons uue Servante & deux Laquais. Comme notre deſſein eſt de n'avoir qu'un caroſſe, nous trouverons dans le village quelque lieu pour l'y plaçer; & le Cocher ſe logera près de ſes chevaux.

Quel jour , Monſieur , comptez-vous d'être ici avec votre famille ? Je prendrai votre appartement dès aujourd'hui;& ſi je le trouve commode , peut-être ma femme y ſera-t'elle ce ſoir.

Ne feriez-vous pas bien aiſe , Monſieur, d'avoir tout à la fois la table & le logement ?

C'eſt ce qui dépendra de vous, Madame. Vous m'épargneriez l'embarras d'amener mon Cuiſinier. Je ſuppoſe que vos domeſtiques ſont capables d'apprêter trois ou quatre plats. Le regime de ma femme demande une nourriture ſimple, & je ne ſuis pas du tout pour les viandes recherchées.

Nous avons, Monſieur, une jeune Demoiſelle, qui ne compte pas d'être ici plus de deux ou trois jours. Son appartement, qui eſt un des meilleurs de la maiſon, ſera libre alors.

Mais... je me figure, Madame, que vous en avez d'autres, actuellement prêts à recevoir ma femme; car nous n'avons pas de tems à perdre. Ces *maudits* Médecins . . . . . excusez Madame, je ne suis point accoutumé à jurer : mais j'aime beaucoup ma femme. Les Médecins l'ont eue si longtems entre les mains, que dans la honte de se faire paier plus longtems, ils lui conseillent aujourd'hui de prendre l'air. Je souhaiterois que cette pensée leur fut venue plutôt. Mais nous cherchons à reparer leur négligence.

Vous ne serez pas surprise , Madame, (voiant qu'elle m'observoit avec beaucoup d'attention) de me voir enveloppé comme je le suis, dans une saison si chaude. Je n'appréhende que trop d'avoir quitté imprudemment ma chambre; & peut-être suis - je ménacé du retour de ma goûte. Pour comble de peine, je suis attaqué d'un mal de dents fort douloureux , qui m'oblige de me couvrir la joue. Mais tout autre témoignage que le mien ne satisferoit pas ma femme ; & , comme je vous l'ai deja dit , nous n'avons pas de tems à perdre.

Vous êtes le maître , Monsieur, de voir les commodités que je puis vous offrir. Mais je crains que la foiblesse de vos jambes ne vous permette pas de monter.

Il est vrai que mes jambes sont foibles.

Cependant, comme j'ai pris un peu de repos, je me crois en état de voir du moins l'appartement que vous deftinez à ma femme. Tout fera bon pour les domeftiques ; & vous paroiffez d'un fi bon naturel, que je ne difputerai pas fur le prix.

Elle s'eft mife en marche, pour me fervir de guide ; tandis qu'affectant de m'appuier fur la rampe, je fuis monté après elle, avec plus de legereté que je n'en attendois de mes jambes gouteufes. Mais, Belford ! quelle comparaifon entre Sixte-quint & moi, lorfque fous la figure du languiffant Montalte il afpiroit au Pontificat, fans faire éclater fes intentions ; & qu'au moment qu'il fut choifi, levant le mafque, & fe dépouillant de toute apparence de foibleffe, il marcha ferme à la vûe du Conclave étonné ! Jamais la joie ne fut plus vive que dans mon cœur. Jamais homme ne s'eft fenti les talons plus legers.

L'appartement confiftoit en trois piéces de plein pied. J'en ai vû deux, qui m'ont paru affez propres. Mais comme elles avoient chacune leur dégagement, Madame More m'a dit que l'autre étoit occupée par la jeune Demoifelle. Elle y étoit, Belford ! Elle y étoit en effet.

Tandis que j'affectois de me traîner, en prononçant quelques mots d'une voix rauque, que je ne contrefaisois pas moins habilement, j'ai remarqué que sa porte s'entr'ouvroit ; & je lui ai vû jetter un coup d'œil, pour observer qui j'étois. Mais n'appercevant qu'un Vieillard, courbé sous le poids de l'âge & d'un habit fort épais pour la saison, elle s'est retirée, en fermant sa porte sans émotion. Que je lui ressemblois peu ! son ombre seule m'a fait sauter le cœur jusqu'à la bouche. J'ai craint pendant quelques momens d'étouffer.

J'ai paru satisfait de l'appartement ; d'autant plus, qu'on me parloit de la troisiéme chambre comme de la plus belle. Il faut que je me repose un moment, ai-je dit à Madame Moore ; & je me suis assis dans l'endroit le plus obscur de la chambre. Ne vous assoiez-vous pas aussi, Madame ? Nous n'aurons pas de difficulté pour le prix. Vous conviendrez, s'il vous plaît avec ma femme. Prenez seulement des arrhes (en lui mettant une guinée dans la main). J'ajouterai une chose : ma femme a le défaut d'aimer un peu l'argent , quoiqu'elle ait dailleurs le cœur fort bon. Elle m'a donné beaucoup de bien ; & cette raison , joint à

l'amour

l'amour qu'un honnête homme doit à sa femme, m'oblige de garder avec elle toutes sortes de ménagemens. S'il arrive qu'elle soit un peu serrée dans le marché que vous ferez ensemble, aiez la complaisance de vous relâcher. Je supplérai à tout, sans sa participation. C'est mon usage. Je ne voudrois pas lui causer la moindre peine.

Madame More a loué mes attentions, & m'a promis de se conformer à toutes mes volontés. Cependant, lui ai-je dit, ne pourrois-je pas jetter un moment les yeux sur l'autre chambre, pour être en état d'en rendre un compte plus exact à ma femme ? Elle m'a repondu que la jeune Demoiselle souhaitoit de ne voir personne, mais qu'elle alloit lui proposer...... Je l'ai retenue par la main. Demeurez, demeurez, Madame. Si votre jeune Demoiselle veut être seule, il ne conviendroit pas de l'importuner....
Vous ne l'importunerez pas, Monsieur. Elle est d'un fort bon naturel. J'ose me promettre qu'elle ne fera pas difficulté de descendre un moment, pour vous laisser libre. Elle a si peu de tems à passer ici, qu'elle ne voudroit pas s'opposer à mon avantage.

Je me l'imagine, comme vous, Madame ; si son caractère est tel que vous le dites. Est-elle ici depuis bien longtems?

Depuis hier seulement, Monsieur.

Il me semble, Madame, que je l'ai entre-vûe à sa porte. Elle m'a paru d'un âge avancé.

Non, Monsieur Vous êtes assurément dans l'erreur. C'est une jeune personne, & des plus belles que j'aie jamais vûes.

Pardon, Madame ; quoique je ne puisse vous cacher que si elle devoit faire un long séjour ici, j'aimerois autant qu'elle fût un peu plus âgée. Vous me trouverez d'un goût fort étrange. Mais, en faveur de ma chere moitié, j'aime toutes les femmes d'un certain âge. Dailleurs j'ai toujours pensé que l'âge merite du respect ; & c'est la raison qui m'a fait tourner mes vûes vers la femme que j'ai aujourd'hui ; en mettant aussi sa fortune dans la balance, c'est de quoi je ne disconviens pas.

J'admire votre façon de penser, Monsieur. La vieillesse est respectable. Nous vivons tous dans l'espérance de vieillir.

Fort-bien, Madame. Mais votre jeune personne est belle, dites-vous ? Je vous avouerai aussi, que si j'aime à converser avec les vieilles, je ne laisse pas de prendre plaisir à voir une belle & jeune per-

fonne, comme j'en prendrois à la vûe
d'une belle fleur dans un jardin. Ne pourrois-je pas jetter un coup d'œil fur votre
Demoifelle, fans qu'elle s'en apperçut ?
car, dans l'équipage où je fuis , je ne
fouhaiterois pas plus qu'elle, de paroître
aux yeux de perfonne.

Je vais lui demander, Monfieur, fi je
puis vous faire voir l'appartement. Comme vous êtes marié , & que vous n'êtes
plus de la premiére jeuneffe , peut-être
fera-t'elle moins de fcrupule.

C'eft-à-dire, Madame, que vous la
croiez un peu de mon goût , & que fa
préférence eft peut être pour les vieil-
lards. Il n'eft pas impoffible qu'elle ait
eu quelque chofe à fouffrir des jeunes
gens.

Je me l'imagine, Monfieur. Je la crois
inquiète pour le paffé ou pour l'avenir.
Elle a fouhaité de ne voir perfonne ; &
fi quelqu'un venoit la demander, en dé-
crivant fa figure , elle ordonne de repon-
re qu'on ne la connoît pas.

(Que tu es une vraie femme, chere
Dame More ! ai-je penfé en moi-
même.)

Voilà d'étranges précautions, Madame!
Eh ! quelle peut être fon avanture ?

Elle eft fort refervée dans fes difcours,

Mais je suis trompée, Monsieur, si ce n'est pas quelque affaire de cœur. Je lui vois sans cesse les larmes aux yeux, & la compagnie paroît l'ennuier.

Il ne me conviendroit pas, Madame, de vouloir pénétrer dans les affaires d'autrui. Mais puis-je vous demander quelles sont ses occupations? cependant, comme vous ne l'avez ici que d'hier, il vous seroit difficile de le dire!

Elle écrit continuellement, Monsieur.

(Interroge une femme, Belford, en paroissant douter qu'elle soit informée de ce que tu lui demandes; je te repons qu'elle s'efforcera de te convaincre qu'elle n'ignore rien.)

Pardon, Madame; car mon caractère n'est pas l'indiscretion : mais si le cas de votre jeune Demoiselle avoit quelque difficulté, qui ne fût pas une simple affaire d'amour; comme elle est de vos amies, je lui offrirois volontiers mes conseils.

Vous êtes donc homme de robbe, Monsieur?

A la verité, Madame, j'ai suivi anciennement le Barreau; mais il y a long-gems que j'ai quitté cette profession : ce qui n'empêche pas que mes amis ne me consultent encore sur les points difficiles,

Aux pauvres, je donne quelquefois de l'argent, avec mon avis. Mais je ne prens rien de ceux qui font plus riches.

Vous êtes d'une générofité admirable, Monfieur. Que je ferois heureufe (cette exclamation a été précédée d'un foupir) d'avoir fû qu'il y avoit au monde un fi honnête homme de robbe, & de l'avoir connu plutôt !

Confolez-vous, Madame, confolez-vous. Peut-être n'eft-il pas trop tard. Lorfque nous nous connoîtrons mieux, on pourra vous être utile à quelque chofe. Mais ne parlez point de mes talens à votre jeune perfonne. Je vous l'ai deja dit ; je n'aime rien moins que le rolle d'homme officieux.

(J'étois fur que fi le caractère de la Dame More repondoit à l'idée qu'elle m'en avoit deja fait prendre, cette défenfe ne ferviroit qu'à lui faire faifir la première occafion de violer mon fecret. J'ai feint fi peu d'empreffement pour voir la chambre ou la Demoifelle, qu'elle a bientôt parû fachée de mon indifférence ; fur-tout lorfque pour l'exciter, j'ai laiffé échapper, comme au hazard, qu'il falloit plus de qualités qu'on n'en demande ordinairement dans une femme, pour lui faire obtenir de moi le titre de belle,

& que dans toute ma vie je n'en avois pas vû fix auxquelles j'euffe voulu l'accorder.

En un mot, la Dame Moore eft paffée dans la chambre ; d'où elle eft revenue peu de momens après, pour me dire que la jeune perfonne s'étant retirée dans fon cabinet, j'étois libre d'entrer & de fatisfaire ma curiofité.

Quels mouvemens ont recommencé à s'élever dans mon cœur ! Je me fuis traîné en clochant. Après avoir parcouru des yeux toutes les parties de la chambre, pour me donner le tems de reprendre haleine, j'ai approuvé tout ce que j'avois vû, & j'ai garanti que ma femme n'en feroit pas moins contente. Enfuite demandant la permiffion de m'affeoir, j'ai fait diverfes queftions, fur le Miniftre de la Paroiffe, fur fes talens pour la Chaire, & particuliérement fur fes mœurs. C'eft une curiofité, Madame, que j'ai dans tous les lieux où je m'arrête. J'aime que la conduite du Clergé reponde à ce qu'il nous prêche.

Rien n'eft fi jufte, Monfieur. Mais c'eft ce qui n'arrive pas auffi fouvent qu'il feroit à fouhaiter.

Tant pis, Madame, tant pis. Pour moi, j'honore extrêmement le Clergé en général. Si l'on fuppofe dans ceux

qui font appellés à la perfection par leur
état & par les moiens qu'ils ont de se
perfectionnerautantde foiblesses que dans
les autres hommes , le reproche tombe
sur la nature humaine plus que sur la
robbe Eclesiastique. Je n'ai jamais aimé
la censure qui attaque les professions. . . .
Mais je retiens votre Demoiselle dans son
cabinet. Ma goûte me rend incivil.

Ici , quittant ma chaise , je me suis
trainé à la fenêtre. De quelle étoffe sont
ces rideaux , Madame ?

De fil damassé , Monsieur.

Je les trouve extrêmement beaux. On
les croiroit de soie. Ils font plus chauds
que la soie , j'en suis sur , & plus con-
venables à un appartement de campagne;
sur-tout pour des personnes un peu âgées.
Le lit me paroît de fort bon goût.

Il est très-propre , Monsieur. Nous ne
prétendons ici qu'à la propreté.

Oui , vraiment , il est des plus propres. Un camelot de soie , si je ne me
trompe. En verité , tout est fort bien.
Tout plaira beaucoup à ma femme. Mais
nous serions fachés de mettre votre jeune
Demoiselle hors de son appartement.
Nous nous contenterons à présent des
deux autres chambres.

Je me suis avancé vers le cabinet,

pour obferver le deffus-de-porte. Que repréfente cette peinture ? Ha ! je le vois. Une Ste. Cecile.

C'eft un tableau fort commun, Monfieur.

Il n'eft pas mal, il n'eft pas mal. C'eft une copie de quelque bon tableau d'Italie..... Mais, pour tout au monde, je ne voudrois pas mettre votre Demoifelle dehors. Nous nous accommoderons des deux autres pièces, ai-je repété un peu plus haut, mais toujours de mon ton rauque & parlant du gozier ; car mon attention étoit partagée entre le fon de ma voix & mes difcours.

Ah Belford ! fi près de mon adorable Clariffe ! Juge quelle devoit être ma contrainte '

J'étois refolu de l'engager, s'il étoit poffible, à fortir d'elle-même de fa retraite. J'ai feint d'être prêt à me retirer. Madame More, ai-je repris, vous me promettez donc cette chambre lorfqu'elle fera libre : non, ai-je ajoûté en levant affez la voix pour me faire entendre du cabinet, que je veuille incommoder votre jeune Demoifelle ; mais je fouhaiterois que ma femme fût informée à peu près du tems. Les femmes, vous ne l'ignorez pas, Madame Moore, aiment à savoir sur quoi elles peuvent compter.

Madame Moore, a dit alors ma Charmante, (& jamais le son de sa voix ne m'a paru plus harmonieux, jamais il n'a causé une plus douce émotion dans mes veines), vous pouvez repondre à Monsieur, que je ne serai ici que deux ou trois jours, pour attendre une reponse qui ne sauroit tarder plus longtems ; & plutôt, que d'être incommode à personne, je prendrai volontiers toute t autre chambre que vous me donnerez au second.

Non assurément, non, Mademoiselle, me suis-je écrié. Vous êtes trop obligeante. Quelque affection que j'aie pour ma femme, je la mettrois plutôt dans un grenier, que d'exposer à la moindre incomodité une personne aussi respectable que vous le paroissez.

Comme la porte ne s'ouvroit point encore, j'ai continué : mais puisque vous poussez la bonté si loin ,. si vous permettiez, Mademoiselle, que de la place où je suis, je jettasse un coup d'œil sur le cabinet, je pourrois dire à ma femme s'il est assez grand pour contenir quelques meubles précieux, qu'elle est bien aise d'avoir partout avec elle.

Enfin, la porte s'est ouverte. Ma Char-

mante m'a comme inondé d'un déluge de
lumière. Un aveugle ne seroit pas plus
vivement frappé de l'éclat du Soleil, s'il
recouvroit la vûe en plein midi. Sur mon
ame, je n'ai jamais rien senti qui ait approché de cette situation. Que j'ai eu de
peine à me vaincre, pour ne pas me dé-
masquer à l'instant! Mais, hesitant & dans
le plus grand-désordre, j'ai avancé la
tête dans le cabinet. J'y ai promené mes
yeux. L'espace, ai je dit, me paroît
suffire pour les bijoux de ma femme. Ils
font d'un grand prix : mais, le Ciel
me confonde, (je n'ai pû m'empêcher,
Belford, de jurer comme un sot. Maudite habitude !) il n'y entrera jamais
rien de si précieux que ce que j'y vois.

Ma Charmante a treffalli. Elle m'a
regardé avec terreur. La vérité du compliment, autant que j'en puis juger,
avoit banni la diffimulation de mon accent.

J'ai vû qu'il m'étoit également impoffible & de me déguiser plus longtems à
fes yeux & de refifter à mes propres tranfports. Ainfi, me découvrant la tête, &
jettant ma redingotte, j'ai paru comme
le Diable de Milton, dans ma forme
Angelique ; quoique la comparaifon
puiffe te fembler affez bizarre. C'eft ici

Belford , que les expreſſions & les figures me manquent pour illuſtrer cette
étrange ſcéne , & l'effet qu'elle produi-
ſit ſur ma Charmante & ſur la Dame
More. Je me reduis , par impuiſſance ,
à la ſimple deſcription du fait.

La belle Clariſſe ne m'a pas plutôt reconnu , qu'elle a pouſſé un cri violent ; &
plus vite que je n'ai pu la ſoutenir dans
mes bras , elle eſt tombée ſans connoiſſance à mes pieds. J'ai maudit l'indiſ-
cretion , qui m'avoit porté à me découvrir ſi bruſquement.

Madame More , comme hors d'elle-
même à la vûe du changement qui s'étoit
fait dans mon habillement, dans ma figure & ma voix, s'eſt miſe à crier une douzaine de fois tour à tour, au meurtre ! au
ſecours ! au meurtre ! au ſecours ! Ce
bruit a jetté l'allarme dans la maiſon.
Deux ſervantes ſont montées , & mon
Laquais après elles. J'ai demandé de
l'eau fraîche , des ſels , des eſprits. Chacun a couru de different côté. Une des
Servantes eſt deſcendue auſſi vîte qu'elle
étoit montée : tandis que la Maîtreſſe
paſſant d'une chambre à l'autre & revenant pluſieurs fois dans celle où nous
étions , ſe tordoit les mains , invoquoit
le Ciel , parloit à elle-même , aux aſ-

siſtans , ſans ſavoir apparemment ce qu'elle faiſoit & ce qu'elle vouloit dire.

La Servante qui étoit deſcendue eſt remontée , avec un homme du voiſinage & ſa ſœur , qu'elle avoit été chercher. Cette fille, voiant le vieux goûteux qu'elle avoit introduit , métamorphoſé tout d'un coup en un jeune *drole*, vif , diſpos , qui avoit la voix claire & toutes ſes dents , ſoutenoit , que je ne pouvois être que le diable , & ne pouvoit détourner les yeux de mes pieds, s'attendant ſans doute à chaque minute de les voir paroître fourchus.

Pour moi , j'étois ſi attentif à ſoûtenir ma Charmante , que je m'occupois peu de tout autre ſoin. Elle a donné enfin quelques ſignes de vie , par ſes ſoupirs & ſes ſanglots. Mais on ne lui voioit encore que le blanc des yeux. Je me ſuis mis à genoux près d'elle , j'ai ſoutenu ſa tête de mon bras , je lui ai parlé du ton le plus tendre : Mon Ange ! ma Charmante ! ma Clariſſe ! Regardez-moi , ma chere vie ! Je ne ſuis pas faché contre vous. Je vous pardonnerai , cher objet de mon amour.

Les ſpectateurs étonnés ne ſavoient quelle explication donner à ce qu'ils entendoient : & bien moins , lorſque ma

Charmante recouvrant la vûe, a jetté un regard sur moi, & que poussant un foible gemissement, elle est retombée dans l'état dont elle ne faisoit que sortir.

J'ai levé la fenêtre du Cabinet, pour lui donner de l'air. Ensuite la laissant au soin de Madame More, & de Miss Rawlins, car c'étoit cet oracle de Hamstead que la servante avoit amenée, je me suis retiré dans un coin de la chambre, où je me suis fait ôter par mon laquais mes gros bas de l'Hôtellerie, & j'ai achevé de reprendre ma forme ordinaire. Je suis retourné au cabinet. Là, trouvant Mr. Rawlins, auquel je n'avois pas fait beaucoup d'attention dans le premier trouble ; Monsieur, lui ai-je dit, vous avez été temoin d'une scéne extraordinaire. Mais cette jeune Dame est ma femme. Je cois être le seul homme dont la présence soit nécessaire ici.

Il m'a demandé pardon. Si c'étoit ma femme, a-t'il ajoûté, il convenoit qu'il ne devoit point entrer dans les affaires d'un Mari : cependant la peine qu'elle avoit marquée à ma vûe.....

Retranchons les *si*, les *cependant*, ai-je repris d'un ton plus fier. Dispensez-vous de cette inquiétude pour la peine d'autrui. Vous n'avez aucun droit à vous attribuer dans cette occasion, & vous m'obligerez de vous retirer sur le champ. C'est un bonheur qu'il n'ait pas repliqué. Mon sang étoit prêt à s'échauffer. Je ne pouvois souffrir que le plus beau cou, les plus beaux bras & les plus beaux pieds du monde, fussent en spectacle à tout autre homme que moi.

Lorsque je me suis apperçu que la connoissance commençoit à lui revenir, je suis sorti encore une fois du cabinet, dans la crainte que me voiant trop tôt elle ne retombât dans le même accident. Les premiers mots qu'elle a prononcés, en regardant autour d'elle avec une extrême émotion, m'ont frappé par leur son lugubre. Oh ! cachez - moi, cachez-moi ! Est-il parti ? Cachez-moi, je vous en conjure.

Miss Rawlins est revenue aussitôt vers moi. Monsieur, m'a-t'elle dit, d'un air assez assuré, le cas est fort surprenant. Cette jeune Dame ne peut supporter votre vûe. Vous savez mieux que nous quel sujet de plainte vous avez pû lui donner; mais il est à craindre qu'une nouvelle rechute ne soit la dernière. Avec un peu de complaisance & de bonté, vous prendriez le parti de vous retirer.

Il étoit important pour moi de mettre

une personne si notable dans mes intérêts;
sur tout après avoir traîté assez cavaliérement son frere Cette chere personne,
lui ai-je dit, a quelque raison de craindre un peu ma vûe. Si vous aviez, Mademoiselle, un mari qui eût pour vous
autant de tendresse que j'en ai pour elle,
je suis sur que vous ne le quitteriez pas,
pour vous exposer témérairement à toutes sortes d'avantures, comme elle fait
chaque fois qu'on refuse d'entrer dans ses
caprices. A la vérité, c'est avec une
parfaite innocence. Il n'y a rien a reprocher à ses intentions. Mais c'est sa faute,
uniquement sa faute. Elle est d'autant
plus inexcusable, que je suis à elle par
son choix, & que j'ai raison de croire
qu'elle me préfére à tous les hommes du
monde, Ici, Belford, j'ai raconté une
de ces histoires, que je tiens en reserve,
pour donner une couleur plus vive à mes
suppositions.

Vous parlez en galant homme, & vous
en avez l'apparence, m'a repondu Miss
Rawlins. Cependant, Monsieur, le cas
n'est pas moins étrange. Il paroît que
cette jeune Dame ne vous voit qu'avec
terreur.

Vous n'en serez pas surprise, Mademoiselle, (la tirant un peu à part, mais du côté de Madame Moore) si je vous apprens que c'est la troisiéme fois que je pardonne à cette chere femme une malheureuse jalousie....qui n'est pas toujours sans un peu de *phrénésie* (ai-je ajoûté d'un ton plus bas, pour donner à cette circonstance un air de secret)..... Mais notre histoire seroit trop longue : & là-dessus, j'ai fait un mouvement pour retourner vers ma Charmante. Ces deux femmes m'ont arrêté, en me priant de passer dans la chambre voisine & me promettant de faire leurs efforts pour l'engager à se mettre au lit. Je leur ai recommandé de ne pas la faire parler beaucoup, parce qu'elle étoit accoûtumée à certains accès, & que dans cet état elle disoit tout ce qui lui venoit à la bouche, avec un désordre d'esprit qui duroit quelquefois toute une semaine. Elles m'ont promis d'apporter tous leurs soins à la rendre tranquille. Je suis sorti de la chambre, après avoir fait descendre tous les domestiques.

En prêtant l'oreille, je n'ai pas laissé d'entendre qu'elle s'abandonnoit aux exclamations. Elle se nommoit malheureuse, perdue, déshonorée! Elle se tordoit les mains. Elle demandoit du secours, pour échapper à des maux terribles dont elle étoit ménacée. Les deux femmes l'exhortoient à la patience & lui conseilloient de prendre un peu de repos. Elles l'ont pressée de se mettre au lit; mais elle s'est obstinée à le refuser. Cependant elle a consenti à s'asseoir dans un fauteuil. Elle étoit si tremblante, qu'elle ne pouvoit se tenir debout.

Je l'ai crue capable alors de soûtenir ma présence. Il y auroit eu du danger à lui laisser le tems de mêler dans ses plaintes quelque explication qui eût augmenté mon embarras. Je suis rentré dans le cabinet. Ah! le voilà, s'est-elle éc iée, en se couvrant le visage de son mouchoir. Je ne puis le voir. Je ne puis jetter les yeux sur lui. Sortez, sortez. Ne me touchez pas, a-t'elle repris vivement, lorsque j'ai voulu prendre sa main, en la suppliant d'être plus tranquille, en l'assurant que je voulois faire ma paix avec elle, & qu'elle seroit maîtresse des conditions.

Méprisable personnage! m'a dit cette violente fille, je n'ai pas d'autres conditions à désirer que celle de ne vous voir jamais. Pourquoi faut-il que je sois exposée à vos persecutions? Ne m'avez-vous pas deja rendue trop misérable? Sans protection, sans amis, je bénirai le

Ciel de ma misère, pourvu que je sois dé-
livrée du malheur de vous voir.

Miss Rawlins m'a regardé d'un œil
ferme. C'est une créature haffez hardie
que cette Miss Rawlins. Madame Moore
a tourné auffi les yeux sur moi. Je
m'y étois bien attendu, leur ai-je dit à
toutes deux, en baiffant la tête vers elles
d'un air confterné. Enfuitte m'adreffant
à la Charmante ; mon cher amour ! vous
paroiffez hors de vous-même. Songez
que cette violence peut nuire à votre fanté. Un peu de patience, ma chere vie !
Nous traiterons plus tranquillement cette
affaire. Vous m'expofez. Vous vous
expofez vous-même. Ces Dames croi-
ront que vous êtes tombée dans une troup-
pe de voleurs & que j'en fuis le chef.

Oui, c'eft le nom que vous meritez.
Oui, oui ; frappant du pied, fans ceffer
d'avoir le vifage couvert. Elle fe rappel-
loit fans-doute l'avanture de Mercredi.
Ses foupirs paroiffoient prêts à l'étouffer.
Elle a porté la main à fa tête : je crains,
a-t'elle dit, en reflechiffant fur elle-même,
helas ! je crains d'en perdre l'efprit !

Mon cher amour, ai-je affecté d'interrompre, ne craignez rien ; je ne vous
découvrirai pas le vifage. Vous ne me
verrez pas, puifque ma vûe vous eft

odieuſe. Mais voilà une violence dont
je ne vous aurois jamais crue capable.

J'ai repris ſa main malgré elle, & j'ai
voulu la preſſer de mes levres. Elle l'a
retirée avec indignation. Elle m'a repêté
l'ordre de ne pas la toucher, & de l'a-
bandonner à ſon ſort. Quel droit, a-t'elle
ajouté, quel titre avez-vous pour me
perſecuter ſi cruellement ?

Quel droit, quel titre, ma chere ! ....
Mais ce n'eſt pas le moment de repondre
à cette queſtion. J'ai reçu une lettre du
Capitaine Tomlinſon. La voici. Daignez la prendre & la lire.

Je ne reçois rien de votre main. Ne
me parlez pas du Capitaine Tomlinſon.
Ne me parlez de perſonne. Vous n'avez
aucun droit de me perſecuter avec cette
cruauté. Encore une fois, retirez-vous.
N'avez-vous pas deja pouſſé mes
malheurs au comble ?

Sens-tu, Belford, que j'avois touché
exprès une corde ſi délicate, pour lui
cauſer, devant les deux femmes, quelque tranſport de paſſion, qui pût confirmer ce que je leur avois fait entendre de
l'aliénation de ſon eſprit ? J'ai repris,
avec la même douceur : quel malheureux
changement ! Si tranquille, ſi contente
il y a peu de jours ! N'attendant que le

moment de votre reconciliation avec votre famille! Cet agréable évenement si
avancé! Une occasion légere, une bagatelle, renversera-t'elle tout l'édifice
de notre bonheur?

Elle s'est levée avec un mouvement si
vif d'impatience & de colère, qu'elle m'en
a paru trembler. Son mouchoir, qui est
tombé de dessus son visage, a laissé voir
toute l'indignation qui s'y étoit repandue.
A présent, m'a-t'elle dit, puisque tu as
l'audace de donner le nom de bagatelle
à l'occasion dont tu parles, & puisque je
suis heureusement hors de tes mains infâmes, hors d'une maison que je ne dois
pas croire plus honnête que toi, je hazar-
derai de lever les yeux. Mais plût au
Ciel que ce fût pour te voir mort, après
avoir vû dans ton lâche cœur quelque
sentiment de honte & de repentir!

Ce langage de Tragedie, joint à la
manière violente dont elle l'avoit pro-
noncé, a produit l'effet que je m'étois
promis. J'ai tourné successivement sur
elle & sur les deux femmes, un œil de
compassion. Ces deux prudentes créatures ont branlé la tête, & m'ont pressé
de me retirer. Ensuite, elles l'ont priée
tendrement de se mettre au lit, pour y
prendre un peu de repos. Mais cet ou-

ragan , comme tous les autres, s'eſt bientôt diſſipé en pluie : c'eſt à dire, que
verſant un ruiſſeau de larmes , elle eſt
retombée ſur ſon fauteuil. Elle a demandé pardon aux deux femmes , de ſon emportement. Mais elle ne me la pas demandé à moi. Cependant j'ai commencé
à me flatter que le tems des complimens
étant venu, il pouvoit arriver que j'y euſſe
bientôt part auſſi.

En verité , Meſdames , ai - je dit aux
deux créatures , (tu conviendras , Belford, que ce n'eſt pas d'aſſurance que j'ai
manqué) , je ne reconnois pas mon
cher amour à cette violence. Rien ne lui
eſt ſi peu naturel. Un mal-entendu.....

On n'a pas manqué de me couper la
voix. Un mal entendu , Miſérable que
tu es ! Crois-tu que j'attende de toi des
excuſes ? (Le mépris éclatoit dans chaque
trait de ſon aimable viſage). Puis détournant la tête , pour éviter mes yeux ; indigne fourbe ! je n'ai pas la patience de
te regarder. Sors, ſors d'ici. Comment
oſes-tu ſoutenir ma préſence ?

J'ai cru alors que la qualité de mari
m'obligeoit de paroître un peu fâché.
Madame , Madame , vous pourrez vous
repentir quelque jour de ce traitement.
Je ne l'ai pas mérité. Rendez-moi juſtice:

vous favez que je ne l'ai pas merité.
Je le fais, miférable ! Je le fais !

Oui , Madame ; jamais homme de
ma naiffance & de mon rang (il m'a
paru à propos de me faire un peu valoir)
ne s'eft vû traiter avec cet air de mepris.
(Elle a levé les mains vers le Ciel. L'indignation lui a coupé la voix). Mais tout
vient de la même fource que le reproche
de vous avoir privée de toutes fortes de
fecours & de protection , de vous avoir
jettée dans l'humiliation & dans la miſére,
& d'autres difcours auffi étranges. Ce que
j'ai à répondre devant ces deux Dames,
c'eft qu'après ce que je viens d'entendre,
& puifqu'une averfion fi forte a pris la
place de votre ancienne eftime , je vous
laifferai bientôt auffi libre que vous le
defirez. Je vais partir. Je vous abandonnerai à ce que vous nommez votre fort ;
& puiffe-t'il être heureux ! Seulement ,
pour n'être regardé de perfonne comme
un ufurpateur , comme un voleur affurément , je demande où je dois envoier
vos habits & tout ce qui vous appartient.
Vous ne tarderez point à les recevoir.

Envoiez-les ici , m'a-t'on répondu ;
& garantiffez-moi que vous cefferez de
me tourmenter, que vous n'approcherez
jamais de moi : c'eft tout ce que je defire
de vous.

Je vous obéirai, Madame, ai-je repris d'un air affligé. Mais devois-je croire que vous fussiez jamais capable de pousser si loin l'indifférence & le mepris ? Cependant, pemettez que j'insiste du moins sur la lecture de cette lettre. Consentez à voir le Capitaine Tomlinson, à recevoir de sa bouche ce qu'il doit vous dire de la part de votre oncle. Il ne sera pas longtems à se rendre ici.

Vous ne me tromperez plus, m'a-t-elle dit d'un ton impérieux. Commencez par exécuter vos offres. Je ne recevrai aucune lettre de vos mains. Si je vois le Capitaine Tomlinson, ce sera sans aucun rapport à vous. Envoiez mes habits, comme vous l'offrez. Donnez moi cette preuve de sincérité, si vous voulez que je vous en croie sur tout le reste. Laissez moi sur le champ, & commencez par m'envoier mes habits.

Les femmes se regardoient avec étonnement. Leur embarras ne faisoit qu'augmenter. J'ai feint de partir, dans le mouvement de mon depit. Mais, après m'être avancé jusqu'à la porte, je suis retourné sur mes pas : & , comme si j'étois revenu à moi-même ; un mot, un mot encore, mon très-cher amour !.... helas ! charmante jusques dans sa colère !

O fatale tendreſſe ! ai je ajouté , en me rournant à demi, & tirant mon mouchoir. Je crois, Belford , qu'il s'eſt avancé quelque choſe d'humide ſur le bord de mes yeux. En honneur , je n'en doute pas. Les femmes ont paru touchées de compaſſion. Honnêtes créatures ! Elles ont voulu montrer qu'elles avoient auſſi chacune leur mouchoir. C'eſt ainſi , (ne l'as-tu pas quelquefois obſervé ?) que dans une compagnie de douze ou quinze perſonnes , chacun tire obligeamment ſa montre , lorſqu'il entend demander quelle heure il eſt.

Un mot, Madame , ai-je repêté, auſſitôt que j'ai pû retrouver la voix ! J'ai repréſenté au Capitaine Tomlinſon, dans le jour le plus favorable , la cauſe de notre méſintelligence préſente. Vous ſavez ſur quoi votre oncle inſiſte : vous ſavez à quoi vous avez conſenti. La lettre que je vous offre va vous apprendre ce que vous avez à craindre de la malignité active de votre frere.

Elle alloit me repondre avec chaleur, en repouſſant la lettre du Capitaine. Je l'ai prévenue : de grace , Madame, écoutez-moi. Vous ſavez que Tomlinſon s'eſt ouvert de notre mariage à deux perſonnes. La nouvelle eſt deja parvenue

nue aux oreilles de votre frere. Elle est allée aussi jusqu'à ma famille. J'ai reçu ce matin, de la Ville, des lettres de Milady Lawrance & de Miss Montaigu. Les voici, Madame (je les ai tirées de ma poche, pour les lui offrir, avec celle du Capitaine ; mais elle les a repoussées de la main). Faites reflexion, je vous en conjure, aux suites funestes d'un ressentiment si vif.

Depuis que je vous connois, m'a-t'elle dit, je suis dans un abîme d'incertitudes & d'erreurs. Je benis le Ciel de m'avoir delivrée de vos mains. Le soin de mes affaires ne regarde que moi. Je vous dispense d'y prendre le moindre intérêt. Ne suis-je pas indépendante de vous, & maîtresse de moi - même ? Ne suis-je pas......

Les femmes ouvroient de grands yeux. Il étoit tems de l'interrompre J'ai levé la voix, pour étouffer la sienne..... Vous avez naturellement le cœur si tendre & si délicat, ma très-chere ame ! Jamais il n'eût une plus belle occasion de s'exercer Si vous ne voulez pa jetter les yeux vous-même sur les lettres, souffrez que je vous en lise un article ou deux.

Loin, loin, s'est elle écriée ; & que

jamais je ne voie, ni toi ni tes lettres. De quel droit oses-tu ſi cruellement me tourmenter ?

Etranges queſtions, mon très-cher amour ! Queſtions auxquelles vous repondriez fort bien vous-même.

Sans doute, a-t'elle repris avec le même emportement ; & voici donc ma reponſe.....

Je me ſuis hâté de lever encore plus la voix. Elle s'eſt arrêtée. Tendre Fille ! ai-je dit en moi même, malgré la petite colère où j'étois contr'elle ; il ſeroit bien ſingulier qu'un caractère tel que le tien fût capable ici de me reſiſter. Cependant, j'ai baiſſé le ton, auſſitôt que ſa bouche s'eſt fermée. Tout eſt devenu doux, ſoumis, dans mon accent. J'ai panché la tête, une main levée, & l'autre appuiée ſur ma poitrine : au nom du Ciel, ma très-chere Clariſſe, lui ai-je dit en pouſſant un profond ſoupir, déterminez-vous à voir le Capitaine avec un peu de modération. Il vouloit venir avec moi ; mais j'ai cru devoir eſſaier d'abord d'adoucir votre eſprit ſur ce fatal mal-entendu ; & cela, pour entrer dans vos propres intentions ; car, ſans ce cher motif, que m'importe à moi que vos parens penſent ou ne penſent pas à ſe re-

concilier avec nous ? Ai-je quelque faveur à leur demander ? C'eſt donc pour
vous-même que je vous conjure de ne
pas rendre inutiles les ſervices & la né-
gociation du Capitaine. Ce vertueux Of-
ficier ſera ici avant la fin du jour. Milady
doit arriver à Londres, avec ma couſine,
dans un jour ou deux. Leur premier
ſoin ſera de vous voir. Ne pouſſez pas ſi
loin cette petite quérelle, que Milord
M....., Milady Lawrance & Milady
Saddleir en puiſſent être informés. (Si tu
ſavois, Belford, de quel œil les femmes ont commencé à me regarder !) Ma
tante Lawrance ne vous laiſſera point en
repos, que vous n'aiez conſenti à l'accompagner dans ſes terres : & votre cauſe
ſera ſurement entre ſes mains.

J'ai repris haleine un moment, pour
juger de ſes diſpoſitions par ſa reponſe.
Mais ſa contenance & le ton de ſa voix
ne m'ont pas plû. Et crois-tu, miſérable...... a-t'elle recommencé.... Il
falloit abſolument l'interrompre. Miſérable ! me ſuis-je écrié plus haut qu'elle.
Ah ! Madame, vous ſavez que je n'ai
pas merité des noms ſi violens. Une ame
ſi délicate eſt-elle capable de cet injurieux
langage ! Mais ce traitement vient de
vous, Madame ! de vous que j'adore ;

de vous qui m'êtes plus chere que moi-
même. (Les femmes ont recommencé à
se regarder. Mon ardeur a paru leur
plaire. Il n'y a point de femmes, Belford, mariées, filles, ou veuves, qui
n'aiment les *ardeurs*. Miss Howe même,
dans une de ses lettres, prend parti pour
les ardeurs). Cependant, Madame, je
dois dire que dans cette occasion vous
avez été trop loin. Je vois que vous me
haïssez......

Elle alloit repondre..... Si nous de-
vons nous separer sans retour, ai-je continué d'une voix plus ferme & plus grave, je ne serai pas longtems incommode
à votre île. En attendant vos dernières
resolutions, daignez seulement lire ces
lettres, & considerer ce qu'il faut dire à
l'ami de votre oncle, ou ce qu'il doit
dire lui-même à son ami. Renoncez à
moi si vous voulez; je ne m'en préterai
pas moins à tout ce qui peut faciliter la
paix & la reconciliation pour laquelle je
vous ai vu depuis peu tant d'empressement. Mais je prens la liberté de vous
repréfenter, que vous devez me traiter
avec un peu moins de chaleur ; ne fût-ce
que pour donner une couleur favorable
à ce qui s'eft pafté, & du poids aux propositions qu'il vous plaira de faire à votre
famille.

J'ai mis alors toutes mes lettres fur une chaife qui touchoit à la fienne ; & je me fuis retiré dans l'appartement voifin, avec une profonde reverence.

Les deux femmes m'ont fuivi au même inftant : Madame Moore, pour laiffer à ma perverfe la liberté de lire fes lettres; Mifs Rawlings, par le même motif, & parce qu'on la demandoit chez elle. La bonne Moore l'a priée de revenir promptement. Je lui ai fait la même prière ; & je ne lui ai pas vû de repugnance à promettre de nous obliger.

J'ai tourné mes prémiers foins à me faire pardonner par Madame Moore, le déguifement fous lequel je m'étois préfenté, & les fables qui m'avoient fervi à la tromper. Je lui ai dit que je ne changeois rien au marché que j'avois fait avec elle pour fon appartement, & que je la paierois pour un mois. Elle m'a témoigné quelques fcrupules, qui fe font reduits à vouloir confulter Mifs Rawlings. J'y ai confenti ; mais après l'avoir fait fouvenir qu'elle avoit reçu mes arrhes, & qu'elle n'avoit rien à me contefter.

Mifs Rawlings eft rentrée alors, d'un air de curiofité plus vive ; & Madame Moore lui aiant raconté ce qui venoit de fe paffer entre-nous, elle a pris le ton

officieux. Je l'ai secondé sans affectation;
fort persuadé, que si je la faisois entrer
dans mes intérêts, j'étois sur de l'autre.

Elle a souhaité, si le tems le permet-
toit, & si sa proposition ne me paroissoit
pas indiscrete, que je lui apprisse en peu
de mots le fond d'un évenement, qui se
présentoit, m'a t'elle dit, sous une face
mistérieuse & tout à fait surprenante.
Dans quelques momens, elle nous avoit
crus mariés; dans d'autres, ce point lui
avoit paru douteux. Cependant la jeune
Dame ne le désavouoit point absolument.
Mais il paroissoit du moins qu'elle se
croioit mortellement offensée.

Je lui ai repondu, que notre avanture étoit d'une singularité sans exemple:
que dans plusieurs circonstances elle
pourroit leur paroître incroiable : mais
que leur croiant beaucoup de discretion,
je ne ferois pas difficulté de leur en faire
un recit abregé, qui éclairciroit à leur
satisfaction, non seulement ce qui s'étoit
passé, mais encore tout ce qui pouvoit
arriver. Elles ont pris chacune leur chaise
autour de moi, & chaque traît de leur
visage s'est composé à l'attention. J'étois
resolu d'approcher de la vérité, autant
qu'il m'étoit possible; dans la crainte qu'il
n'échappât quelque chose à ma Char-

mante, qui pût démentir mon témoignage; & pour m'accorder d'ailleurs avec moi-même, sur toute la scéne de l'Hôtellerie.

Quoique tu saches toute mon histoire, Belford, & que je t'aie communiqué une bonne partie de mes vûes, il est necessaire que je t'apprenne en gros le tour que j'ai donné à mon recit.

» Je leur ai fait, en abregé, l'histoire de
» nos familles, de nos fortunes, de nos al-
» liances, de nos antipathies, sur-tout
» de celle qui met un obstacle éternel à
» l'amitié entre James Harlove & moi ;
» j'ai constaté la vérité de notre mariage
» secret (la lettre du Capitaine, que je
joindrai à celle-ci, t'en fera connoître
les raisons : D'ailleurs les deux femmes
auroient pû me proposer un Ministre,
par voie d'accomodement). » Je leur ai
» dit les conditions que ma femme m'a-
» voit fait jurer, & dont elle s'étoit d'au-
» tant moins relâchée, qu'elle les avoit
» crues propres à m'inspirer plus d'ardeur
» pour sa reconciliation avec sa famille.
» J'ai confessé, de bonne foi, que cette
» contrainte m'avoit quelquefois fait
» penser à chercher des consolations au
» dehors ; & la bonté de Madame Moore
lui a fait déclarer qu'elle n'en étoit pas

fort étonnée. C'est une excellente femme que ette Madame Moore.

Comme la rusée Miss Howe a découvert actuellement ce que c'est que notre Sinclair, & qu'elle pourroit trouver quelque moien d'en instruire son amie, j'ai jugé qu'il étoit fort important de prévenir les deux femmes en faveur de Madame Sinclair & de ses niéces. Je leur ai dit » qu'elles étoient nées Demoiselles ;
» mais qu'à la vérité, ma femme avoit
» conçu de l'aversion pour elles, depuis
» qu'elles s'étoient unies pour la blâ-
» mer d'un excès de délicatesse. La plu-
» part des gens, ai-je ajoûté, & même
» des plus honêtes gens, à qui leur cons-
» cience reproche une faute dont ils
» n'ont aucune envie de se corriger,
» font quelquefois les plus impatiens
» lorsqu'on les en avertit ; parce qu'ils
» supportent moins volontiers que d'au-
» tres, qu'on n'ait pas d'eux l'opinion
» qu'ils croient mériter.

Elles m'ont repondu toutes deux ; c'est ce qui n'arrive que trop souvent.

» Madame Sinclair, ai-je continué,
» occupoit une fort belle maison, propre
» même à loger des personnes de la pre-
» miére qualité. (Tu sais, Belford, que rien n'est si vrai) » c'étoit une fem-

» me très-bien dans ses affaires , une
» Veuve au-dessus du commun ; telle
» que vous, Madame , (en m'adressant
à Madame Moore ;   » qui donne à louer
» comme vous ; qui avoit autrefois
» d'autres espérances , comme vous
» pouvez en avoir eu Madame Moore.
» La Veuve d'un Colonel. Il n'est pas
» impossible , Madame Moore, que
» vous n'aiez connu le Colonel Sinclair.
» Il occupoit anciennement quelques
» chambres de louage à Hamstead.

Elle m'a dit qu'elle croioit se souvenir de ce nom-là. » Ho ! c'étoit une des
» meilleures maison d'Ecosse : & vous
» conviendrez, Madame Moore, que si
» sa Veuve loue des appartemens garnis,
» ce n'est pas une raison pour la mépri-
» ser. N'est-il pas vrai , Miss Rawlins ?

Assurément ; & toutes deux , assurément. Elle ne pouvoient même aprou-
ver , ont elle ajoûté ,   qu'une Dame
telle que mon épouse fût d'un caractère
meprisant.

Bon , ai-je aussitôt pensé. Ce fond pro-
met quelque chose. Ne désespérons pas
de l'assistance de ces deux femmes pour
ramener ma fugitive , & pour arrêter les
informations de Miss Howe.

» Je leur ai fait le portrait de cette

» *Virago:* dans tout son sexe, leur ai-je
» dit, on ne trouveroit point une tête
» plus feconde en malice, ni un cœur
» plus déterminé dans l'exécution.

C'étoit apparemment à cette Miss
Howe, m'a dit Madame Moore, que
mon époufe avoit eu tant d'empreffement
de dépêcher dès la pointe du jour, un
homme à cheval, avec une lettre qu'elle
avoit écrite avant que de fe mettre au
lit, & dont elle n'attendoit que la reponfe
pour quitter Hamftead.

Elle - même, ai - je repondu. Je favois
qu'elle s'adrefferoit à cette dangereufe
amie; & j'aurois été trop heureux, fi
j'avois pû couper le paffage à fa lettre,
ou du moins la faire tomber entre les
mains de Madame Howe, au lieu de
celles de fa fille. Des femmes, qui ont un
peu vécu dans le monde, ne font pas
capable d'entretenir ces facheux caprices
dans une jeune mariée.

Je m'arrête pour te faire remarquer,
tandis que l'idée m'en vient à l'efprit, que
j'ai donné ordre à Will de trouver la
demeure du Meffager de ma belle fugitive, & de le voir à fon retour, s'il eft
poffible, avant qu'il ait rendu compte
de fa commiffion.

» J'ai continué de dire, à mes deux juges,

›› que je defefpérois d'être jamais plus
›› tranquille, pendant que Mifs Howe,
›› avec cet étrange afcendant fur ma
›› femme, feroit elle-même à marier,
›› & jufqu'à l'entiére reconciliation de
›› ma femme avec fa famille; ou jufqu'à
›› quelque évenement encore plus heu-
›› reux .... comme je devois le penfer,
›› moi qui fuis le dernier mâle de ma
›› maifon, & que fa rigueur, autant
›› qu'un ferment mal conçu, avoit empê-
›› ché jufqu'à préfent.....

Ici, je me fuis arrêté, & j'ai fait le
modefte, tournant mon diamant autour
de mon doigt, comme fi la pudeur ne
m'avoit pas permis d'achever; tandis que
la Dame Moore me faifant lire clairement dans fes regards, m'a dit que le cas
étoit affurément fort fingulier; & que la
Vierge Rawlins a fait quelques minau-
deries en ouvrant fon éventail, pour
faire entendre que ce que j'avois dit ne
demandoit pas d'autre explication.

›› Je leur ai raconté le fujet de notre
›› dernier differend. J'ai bien établi la
›› réalité du feu; mais j'ai confeffé qu'a-
›› iant pour moi les droits du mariage,
›› je n'aurois pas fait difficulté de violer
›› un ferment ridicule, lorfque la fraieur
›› d'un accident fi peu prévu avoit jetté

» ma femme entre mes bras ; & je me
» suis fait un reproche fort amer d'en
» avoir manqué l'occasion, puisqu'elle
» jugeoit à propos de pousser le ressen-
» timent si loin , & qu'elle avoit l'in-
» justice de regarder le feu comme une
» invention préméditée.

Assurément , pour cet article , a remarqué la bonne Madame Moore, comme
vous êtes mariés & que Madame paroît
un peu singulière , il y auroit peu d'hommes..... elle n'a pas poussé plus loin sa
reflexion.

» Comprenez-vous ? ai je repris. Me
» supposer capable d'avoir recours à de
» si misérables inventions ; lorsque je
» voyois cette chere personne à toutes
» les heures du jour ; (le trait, Belford,
te paroît-il assez effronté ?)

Miss Rawlins a repété plusieurs fois,
que le cas étoit *en verité* fort extraordinaire ; baissant les yeux, jouant de l'évantail , tournant la tête pour ne pas m'entendre tout à fait , dans la crainte apparemment qu'il ne m'échappât quelque
chose d'offensant pour sa modestie ; &
revenant néanmoins à la question par des
mais & des si , qui marquoient encore
plus de curiosité.

» La jalousie de ma Charmante, qui

» fert d'explication dans la tête d'une
» femme, à cent chofes inexpliquables,
» & ce petit défordre d'efprit dont j'a-
» vois deja parlé, que j'atribuois à l'o-
» dieufe imprécation de fon pere & aux
» anciennes perfecutions de fa famille,
» ont été les derniers point fur lefquels
» je me fuis étendu, par précaution pour
» tout ce qui peut arriver. En un mot, je
» me fuis reconnu coupable de la plupart
» des offences dont je ne doutois pas qu'-
» elle ne leur fit fes plaintes ; & com-
» me il n'y a rien qui n'ait un côté noir
» & un côté blanc, j'ai donné aux plus
» facheufes parties de notre avanture le
» meilleur tour qu'elles puffent recevoir.
» Après avoir fini ma narration, » je
» leur ai cité quelques articles de la let-
» tre du Capitaine Tomlinfon, que j'a-
» vois laiffée entre fes mains ; & je leur
» ai recommandé, avec de fortes inf-
» tances, d'être en garde contre les
» recherches de James Harlove & du
» Capitaine Singleton, ou de tout ce
» qui aura l'air de gens de mer.

Tu vas voir, par la lettre même, combien cette précaution étoit néceffaire. Je
te confeille de la lire ici ; & fi tu fais un
peu d'attention à tout ce qu'elle contient,
tu la trouveras charmante par rapport à
mes vûes.

A Monsieur LOVELACE.

Mercredi, 7. de Juin.

M

Quoique je fois obligé de me rendre demain à Londres, ou le jour fuivant, je ne dois pas négliger l'occafion que j'ai de vous écrire, par un de mes gens que d'autres raifons me portent à faire partir avant moi ; pour vous avertir que probablement il vous reviendra quelque bruit de votre mariage, par la bouche ou les lettres de quelqu'un de vos proches. Une des perfonnes à qui j'ai jugé à propos de faire entendre que je vous crois mariés (fon nom eft M. *Lilburne*,) fe trouvant ami de M. *Spurrier*, Intendant de Mylady Lawrance, & n'aiant point été prié de fe taire, a communiqué cette nouvelle à M. Spurrier, qui l'a rapportée à Mylady Lawrance comme un fait certain : d'où il eft arrivé que fans avoir l'honneur d'être connu perfonnellement de cette Dame, j'ai reçu la vifite de fon Intendant, qui eft venu m'en demander la confirmation de fa

part. Il étoit accompagné de M. Lilburne. Ainsi je n'ai pû éviter de tenir le
même langage : & je crois comprendre
que Mylady se plaint de n'avoir pas reçu
de vous même une nouvelle si désirée. Il
me paroît que ses affaires l'appellent à
la Ville. Peut-être jugerez vous à propos de lui découvrir la vérité. Si vous
prenez ce parti, ce sera sans doute en
confidence ; afin qu'il ne transpire rien
du côté de votre famille, qui puisse
contredire ce que j'ai publié. J'ai toujours eu pour maxime qu'en toute occasion il faut s'attacher fidellement à la vérité ; &, quoique dans la meilleure vûe
du monde, j'ai quelque regret de m'être
un peu écarté de mon ancien principe.
Mais le cher M. Jules Harloves m'en a
fait une loi. Cependant j'ai remarqué
toute ma vie qu'un écart de cette nature
ne va jamais seul. Pour y remédier,
Monsieur, permettez que je supplie encore une fois l'incomparable personne
de confirmer promptement ce que j'ai
dit. Lorsque vous le reconnoîtrez tous
deux, il y auroit de l'impertinence à
vous demander trop curieusement la semaine ou le jour : & si la célébration est
aussi secrette que vous le desirez, les
Dames de la maison où vous êtes logés

aiant d'auffi bonnes inftructions que vous me l'avez affuré, & vous croiant mariés depuis longtems, qui fera jamais en état de contredire mon témoignage?

Cependant il eft très-probable qu'on fera quelques petites recherches; & c'eft ce qui rend la précaution abfolument neceffaire. M. James Harlove ne fe perfuadera pas que vous foiez mariés. Il eft fur, dit-il, que vous viviez enfemble lorfque M. Hickman s'eft adreffé à M. Jules Harlove: & fi vous avez vêcu quelque tems dans cette liaifon, fans être mariés, il conclût de votre caractère, M. Lovelace, qu'il n'y a point d'apparence que vous penfiez jamais au mariage. Enfin, dans la fuppofition même que vous euffiez pris le parti de vous marier, il laiffe a juger à fes deux oncles s'il n'y a pas lieu de croire que vous avez commencé par deshonorer fa fœur, & s'il lui refte par conféquent quelque droit de prétendre à la faveur & au pardon de fa famille. Je crois; Monfieur, qu'il eft à propos de lui cacher cette partie de ma lettre.

M. James eft refolu d'approfondir la verité, & de fe procurer même, à toutes fortes de prix, le moien de parler à fa fœur. Je fuis bien informé qu'il part demain dans cette vûe, avec une suite nombreuse & bien armée, & M. Solmes doit être de la partie. Ce qui donne tant d'ardeur à M. James, c'est la déclaration que M. Jules, son oncle, a faite à toute la famille, qu'il pense à reformer les dispositions de son testament. M. Antonin est dans la même resolution ; car il paroît que Madame Howe aiant refusé depuis peu l'offre de sa main, il a renoncé absolument au dessein de changer d'état. Ces deux freres agissent toujours de concert. M. James commence à craindre (& je puis vous dire, sur ce que j'ai entendu de M. Jules, que ses craintes ne sont pas sans fondement) qu'il ne revienne à sa sœur, de ce changement, plus d'avantage qu'il ne desire. Il a deja sondé son oncle. Il a voulu savoir s'il n'avoit pas reçu quelques nouvelles propositions de la part de sa sœur. M. Jules n'a pas repondu directement, & s'est borné à des souhaits pour une reconciliation générale, accompagnés de la supposition que sa niéce étoit mariée. Ce furieux jeune homme a paru s'en offenser. Il a fait souvenir son oncle de l'engagement dans lequel ils sont tous entrés, au départ de sa sœur, de ne prêter l'oreille à rien sans un consentement général.

Le cher M. Jules me fait souvent des plaintes de l'humeur impérieuse de son neveu. A présent, dit-il, qu'il n'a personne dont le genie supérieur lui serve de frein, il n'observe plus aucune regle de bienseance avec ses proches. C'est ce qui donne plus d'ardeur que jamais à M. Jules, pour la reconciliation de sa niéce. Il n'y a pas deux heures que j'ai pris la liberté de lui proposer une correspondance avec sa *fille niéce* ; c'est le nom qu'il lui donne quelquefois encore, dans le mouvement de sa vive affection. Je lui ai offert une enveloppe à mon adresse. Cette chere niéce, lui ai-je dit, est d'une si parfaite prudence, que personne n'est plus capable de tout conduire à la plus heureuse fin. Il m'a repondu que dans les circonstances présentes, il ne se croit pas tout à fait libre de hazarder cette demarche ; & qu'il lui paroît plus prudent de se reserver le pouvoir d'assurer dans l'occasion, qu'il n'avoit avec elle aucune correspondance.

Ce détail vous fera juger, Monsieur, combien il est nécessaire que notre traité demeure absolument secret. Si votre chere Dame a deja fait quelque ouverture à Miss Howe, sa digne amie, je me flatte que c'est en confidence.

Je passe en peu de mots, Monsieur, à votre lettre de Lundi dernier. M. Jules Harlove a paru fort satisfait de votre empressement à recevoir ses propositions. A l'égard du desir que vous marquez tous deux, de le voir à la cérémonie, il m'a dit que ses demarches étoient observées de si près par son neveu, qu'il ne voioit aucune apparence de pouvoir vous obliger sur ce point, quand son inclination l'y porteroit; mais qu'il consent de bon cœur que je sois l'ami qui assistera de sa part à cet heureux évenement.

Cependant, si votre chere Dame continue de souhaiter fort ardemment la présence de son oncle, je crois avoir trouvé une expédient qui conciliera tout ; à moins qu'il ne soit plus déterminé dans sa resolution, que je ne l'ai jugé par sa reponse. Je remets à vous expliquer mes vûes, lorsque j'aurai le plaisir de vous voir à Londres ; & peut être serai-je en état de vous apprendre alors ce qu'il en aura pensé lui-même. Mais vous n'avez pas de tems à perdre. Il est impatient d'apprendre que vous ne fassiez plus qu'un ; & j'espère qu'en vous quittant à mon retour, je serai en état de l'assurer que j'ai vû la célébration de mes propres yeux.

S'il naissoit quelque obstacle de la part de votre chere Dame, ce qui est impossible de la votre, je serois tenté de lui reprocher effectivement des excès de délicatesse.

M. Jules Harlove compte entre ses espérances, Monsieur, que vous apporterez plus de soin à fuir qu'à rencontrer ce violent neveu. Il a pris une meilleure opinion de vous, permettez-moi cette remarque, depuis que je lui ai rendu compte de votre modération & de votre politesse : deux qualités dont son neveu est mal partagé. Mais où trouver des hommes sans defaut ?

Vous ne vous imagineriez jamais quelle tendresse mon cher ami conserve encore pour son excellente niéce. Je veux vous en donner un exemple, dont je ne vous dissimulerai pas que j'ai été fort touché. » Si je suis jamais assez heureux, me » dis-it-il dans un des nos derniers en- » tretiens, pour voir cette aimable » enfant faire les honneurs de ma table, » comme maîtresse de ma maison; toute » la famille présente, en qualité seule- » ment de ses hôtes ; car c'étoit ma pas- » sion, pendant le mois qu'elle m'ac- » cordoit à mon tour ; & j'y avois fait » consentir sa mere..... Là ce respec-

» table ami s'arrêta. Il tourna le visage. Deux ruisseaux de larmes couloient sur ses joues. Il vouloit me les cacher ; mais il n'en eut pas la force. » Cependant, » reprit - il , comment..... com- » ment..... (chaque parole étoit ac- » compagnée d'un sanglot) comment ferai - je capable de soutenir la premiére entre-vûe !

Je ne suis pas un homme dur, M. Lovelace, & j'en benis le Ciel. Mes yeux témoignerent à mon digne ami, qu'il n'avoit pas eu raison de rougir devant moi de son humanité.

Il est tems de finir une si longue lettre. Aiez la bonté de faire agréer mon très-humble respect à la plus excellente personne de son sexe ; & comptez absolument, Monsieur, sur le zele & la fidelité de , &c.

TOMLINSON.

Pendant la conversation dont je t'ai fait le recit , je m'étois placé au fond de la chambre où j'étois ; vis à-vis de la porte , qui étoit ouverte ; & devant celle du cabinet , qui étoit fermée. J'avois parlé si bas , que dans cet éloignement il avoit été impossible à ma Charmante de m'entendre ; & ma situation me laissoit observer si sa porte s'ouvroit.

J'ai dit aux deux femmes qué le voiage de Milady Lawrance avec la niéce, & la visite qu'elles devoient faire à mon Epouse, qui ne les avoit jamais vûes, étoient des verités si réelles, que j'attendois à chaque moment des nouvelles de leur arrivée. Je leur ai parlé alors des deux autres lettres que j'avois laissées à ma femme ; l'une de Milady Lawrance, & l'autre de ma cousine Montaigu. Je t'en épargne la lecture. L'impertinence de mes chers parens ne cesse pas de se repandre en reproches. Ils sont charmés d'en trouver l'occasion. Leur motif est toujours une vive affection, (leur affection, Belford!) & la connoissance qu'ils ont de mon excellent caractère (autre sujet d'admiration!). Mais il ne manque rien à leur contentement, aux témoignages de leur joie, à l'empressement qu'ils ont de voir & d'embrasser leur charmante niéce, leur adorable cousine. Après avoir fait lire à mes deux femmes une copie de ces lettres, dont je m'étois muni fort heureusement, j'ai crû qu'il m'étoit permis de menacer & de faire un peu le brave. Je ne me sens pas porté, leur ai-je dit, à faciliter cette visite, que Milady Lawrance & Miss Montaigu veulent faire à ma femme. Après tout, je suis las de ses caprices. Elle n'est plus ce qu'elle peut se vanter d'avoir été ; & , comme j'ai cru pouvoir le déclarer devant vous, Mesdames, j'abandonnerai cette ennuieuse Isle , quoique je lui doive ma naissance & que j'y laisse un bien considérable , pour aller resider , soit en Italie , soit en France , & ne me souvenir jamais que j'aie porté la malheureuse qualité de mari.

Oh ! Monsieur , s'est écriée l'une. Quel dommage ! m'a dit l'autre.

Que voulez-vous Madame ? en me tournant vers Madame Moore. Que puis-je vous dire ? en m'adressant à Mis Rawlings. Je suis au désespoir. Je ne puis soutenir plus longtems cette dureté. J'ai eu le bonheur d'être favorisé quelquefois par les Dames (en prenant un air modeste , Belford : & tu sais que je ne mens point). A l'égard de ma femme, il ne me reste qu'une espérance ; car je dois tant de mépris à ses parens , que je ne puis souhaiter notre reconciliation que pour l'amour d'elle : c'est que s'il plaisoit au Ciel de nous accorder des enfans , elle pourroit reprendre sa douceur ordinaire, qui nous rendroit parfaitement heureux. Mais la reconciliation même , qu'elle avoit si fort à cœur , devient plus diffi-

cile que jamais par la téméraire démarche qu'elle vient de faire & par les tranfports où vous la voiez. Vous vous imagi-
nez bien que fon frere & fa fœur n'ap-
prendront pas cette dernière avanture,
fans en prendre droit de renouveller leurs
perfecutions ; fur tout , après avoir affecté jufqu'à préfent de ne pas croire
notre mariage réel , & ma femme elle-
même n'aiant que trop de difpofition à
feconder ce mauvais bruit , parce que
nous ne fommes encore liés que par la
célébration.

Ici , j'ai repris l'air modefte , pour
faire ma cour à Mifs Rawlings. Je me fuis
tourné à demi. Enfuite , recommençant
à les regarder toutes deux; vous-mêmes,
Mefdames , vous ne faviez ce que vous
en deviez croire. Il a fallu vous raconter
toute notre hiftoire ; & je vous affure,
que je ne me donnerai pas la même peine
pour convaincre une famille que je hais,
une famille dont je n'attens & je ne defire aucune faveur, & qui refifte d'ailleurs
à la conviction. Dites-moi , je vous le
demande; qu'arrivera-t'il, lorfque l'ami
du plus raifonable des deux oncles va
paroître; quoi qu'il ait toute l'apparence
d'un homme d'honneur ? N'eft il pas
naturel qu'il me dife , » à quoi bon, M.
» Lovelace,

» Lovelace , entreprendre de recon-
» cilier Madame Lovelace avec ses
» proches , par la médiation de son
» oncle , lorsque tous deux , vous n'êtes
» pas mieux ensemble ? La conséquence
est juste. Madame Moore! Je n'aurai rien
à répondre , Miss Rawlings ! Le plus
grand mal , c'est ce maudit serment ,
qui nous lie , dans ses idées , jusqu'au
moment de sa reconciliation.

Les deux femmes ont paru touchées
de mon raisonnement. Je parlois avec
beaucoup de feu , quoique d'un ton fort
bas : & puis, ce sexe aime à se voir traité
avec un air d'importance. Leurs têtes
prudentes se sont baissées l'une vers l'autre , & j'ai reconnu des marques d'atten-
drissement sur leur visage. Mon tendre
cœur s'en est ressenti. » Dites , Mesdames ; ne me trouvez-vous pas fort à plaindre ? Si elle ne m'avoit pas préféré à
tous les hommes du monde..... Je me
suis arrêté ici : & c'est sans doute , ai-je
repris en cherchant mon mouchoir , ce
qui a jetté M. Tomlinson dans l'embarras , lorsqu'il a su sa fuite ; lui qui , la
dernière fois qu'il nous a vus , admiroit
deux cœurs les plus passionnés.... Oui,
les plus passionnés ! ai-je repété d'un ton
douloureux. J'ai tiré alors mon mou-

choir ; & le portant à mes yeux , je me
suis levé pour m'avancer vers la fenêtre.
Ce souvenir, ai-je dit d'une voix alterée,
me rend plus foible qu'une femme. Si
je ne l'aimois pas plus qu'un mari n'aima
jamais la sienne..... (Oh pour cela,
Belford , je n'en doute pas moi-même).
Je me suis encore arrêté : & reprenant;
toute charmante que vous la voiez,
je souhaiterois de ne l'avoir jamais connue. Pardonnez , Mesdames , (en revenant sur mes pas, après avoir assez
frotté mes yeux pour les faire paroître
un peu rouges) : & , tirant mon porte
feuille , je veux vous faire voir une lettre ..... la voici. Prenez la peine de lire,
Miss Rawlings. Elle vous confirmera
combien toute ma famille est disposée à
l'admirer. J'y suis traité un peu librement, comme ans les deux autres : mais
après les ouvertures que je viens de vous
faire, je ne dois plus avoir de secret pour
vous.

Elle l'a prise avec une curiosité avide.
Après avoir regardé les armes , d'un air
d'admiration , elle a lu l'adresse ; *à M.
Lovelace , &c.* Je l'ai interrompue : Oui,
Mademoiselle , oui , c'est mon nom,
(feignant d'avoir oublié que je m'étois
deja nommé plusieurs fois). Je n'ai pas

fujet d'en rougir, comme vous voiez. Le nom de ma femme eſt Harlove ; Clariſſe *Harlove ; vous me l'avez entendu nommer ma* chere Clariſſe.

Je m'étois figuré, m'a dit Miſs Rawlings, que c'étoit quelque nom imaginaire ; un nom d'amour. Non, Mademoiſelle, c'eſt réellement ſon nom.

Je l'ai priée de lire la lettre entière, à Madame Moore. Si l'ortographe n'eſt pas exacte, ai je ajouté, vous aurez la bonté d'excuſer ; c'eſt l'écriture d'un *Seigneur*. Peut être ne ferai je pas voir cette lettre à ma femme ; car ſi celles que je lui ai laiſſées ne produiſent aucun effet, je n'en eſpère pas plus de celle ci, & je ne ſuis pas bien aiſe de poſer Milord M..... à ſes dedains. En verité je commence à devenir fort indifferent pour les ſuites.

Miſs Rawlings, flattée de cette marque de confiance, m'a regardé d'un œil de pitié, & s'eſt miſe à lire.

Tu peux lire ici, ſi tu veux, la même lettre, que j'ai la bonté de t'envoier.

A M. LOVELACE.

Au Château de M . . . . , Mercredi,
7 de Juin.

Mon neveu LOVELACE. (*)

Il me semble que vous auriez pû trouver le tems de nous apprendre la célébration de votre mariage. C'est une politesse que j'avois droit d'attendre de vous. Mais peut-être a t'il été célébré dans le tems même que vous me proposiez de servir de pere à votre femme. Je ne serai pas de bonne humeur, si je ne me trompe pas dans cette conjecture. *Qui dit peu, n'a pas beaucoup à retracter.*

Cependant je vous avertis que Milady Betty Lawrance ne vous pardonnera pas aussi facilement que moi. *Les femmes sont plus rancunières que les hommes.* Vous qui connoissez si bien ce sexe, (au reste ce n'est pas votre éloge que je fais), vous deviez savoir cette verité. Mais comme vous n'avez jamais eu de femme aussi aimable que la votre, j'espère que vous

(*) On ne doit point avoir oublié le caractère de Milord M . . . . .

ne ferez qu'une ame entre vous. Souvenez-vous de ce que je vous ai déclaré : je suis resolu de vous deshériter & de mettre tout ce que je pourrai sur sa tête, si vous n'êtes pas un bon mari.

Puisse votre mariage être couronné d'un grand nombre de beaux garçons (je ne souhaite pas de filles) pour retablir dans tout son lustre une maison si ancienne ! Le premier garçon prendra mon nom par acte de Parlement. C'est ce qui est deja reglé dans mon testament.

Milady Betty & Miss Charlotte seront à Londres pour leurs affaires, avant que vous sachiez vous-même où vous êtes. Elles ont une extrême impatience de faire leur compliment à leur belle parente. Je ne suppose pas que vous puissiez être encore à Median, lorsquelles arriveront à la Ville ; parce que Greme ne m'informe pas que vous lui aiez donné des ordres pour les préparatifs.

Pritchard tient toutes les pièces prêtes à signer. Je ne prétens point tirer avantage de vos dedains. J'y suis trop accoutumé ; ce qui soit dit à l'honneur de ma bonté, plus qu'à celui de votre complaisance.

Une des raisons, qui conduisent à Londres Milady Lawrance, c'est pour nous acheter, à tous, les préfens qu'il nous convient de faire dans cette occafion. Nous auri ns mis tout le païs en fête, fi vous nous aviez informés affez tôt ; & je fuis perfuadé que c'eût été faire plaifir à tout le monde. *Loccafion ne revient pas tous les ours.*

Mes complimens les plus tendres, & mes felicitations à ma nouvelle niéce, c'eft to t ce que je puis ajouter pour le préfent , dans les douleurs de ma goûte, qui vous rendroient fou, avec tout votre courage heroïque. Je fuis votre affectioné oncle,

M......

Cette lettre , Belford , a confommé mon ouvrage. Il étcit aifé de voir, a dit Mifs Rawlings, que j'avois été un étrange jeune homme ; & pour elle, c'eft le jugement qu'elle avoit porté de moi au premier coup d'œil. Elles ont commencé toutes deux à me folliciter en faveur de ma femme , tant mon rolle avoit eu de fuccès ; à me prier de ne pas quitter le païs ; de ne pas rompre une reconciliation fi defirée d'une part , & des vûes fi avantageufes du côté de ma propre famille.

Qui fait , ai-je penfé en moi même,

fi je n'ai pas plus de fruit à tirer de cette avanture que je n'ai ofé m'en promettre? Quel feroit mon bonheur, fi je pouvois engager ces deux femmes à fe joindre, pour hâter la confommation de mon mariage?

Mefdames, votre bonté me paroît extrême pour ma femme & pour moi. Je reprendrois courage, fi ma trop fcrupuleufe Moitié vouloit confentir à me difpenfer d'un ferment qui bleffe tous les droits. Vous connoiffez ma fituation. Croiez-vous que je ne puiffe pas infifter abfolument fur cette difpenfe? Voudriez-vous entreprendre de lui perfuader, qu'un feul appartement fuffit pour un mari & fa femme, dans les heures de retraite?

Pas mal, Belford. Rien de plus modefte. Obferve ici que fur un fujet de cette nature, très peu d'autres libertins feroient capables d'employer un langage affez décent, pour engager des femmes modeftes à les écouter d'un air tranquille. Elles ont fouri toutes deux, enfe jettant un regard mutuel. Obferve encore que ce fujet fait toujours fourire les femmes. Il ne leur faut que des fuperficies d'exprefion. Un homme qui s'échappe groffiérement devant elles, mérite d'étre affommé à coups de maffue. Elles reffem-

blent aux inftrumens de mufique : touchez le moindre petit fil-d'archal , ces
cheres ames deviennent fenfibles dans
toutes les parties de leur Etre.

Affurément, a répondu Mifs Rawlings
d'un air profond , en faifant jouer fon
évantail , un Cafuifte décideroit que le
vœu du mariage doit l'emporter fur toute
autre obligation.

Madame Moore a déclaré que fi la
jeune Dame me reconnoiffoit pour fon
mari , elle devoit remplir les obligations d'une honnête femme.

Juge , Belford, quelles efpérances j'ai
conçues fur cette reponfe. Mais j'avois
befoin de quelques autres mefures, pour
me mettre en état de prendre tous mes
avantages. Les arrhes que vous avez
reçues , ai-je dit froidement à Madame
Moore , me donnent droit à cet appartement. Il fuffira pour moi : cependant
j'efpére que vous menagerez au fecond
tout l'efpace que vous pourrez pour mes
gens : & le plus fur feroit de m'accorder tout ; car puis-je favoir ce que le
frere de ma femme eft capable d'entreprendre ? Je vous paierai tout ce que
vous jugerez à propos de demander;
pour un mois, ou deux même, en y com-
prenant la table. Prenez ce billet pour

gage, ou pour une partie du paiement.
Je lui ai offert un billet de banque de
trente livres sterling.

Elle a refusé de le prendre, sous
prétexte de vouloir consulter auparavant
la jeune Dame : mais ne doutant pas de
mon honneur, m'a-t'elle dit, elle me
promettoit de ne recevoir personne
qu'elle ne connût bien, tandis qu'elle
auroit chez elle la jeune Dame & moi.

La jeune Dame, la jeune Dame ! Entendrai je toujours de la bouche de ces
deux créatures un terme qui marque des
restes de doute au fond de leur cœur ?
Pourquoi ne pas dire *votre femme*, ou
Madame ? C'est la plainte que j'ai faite
en moi-même. Si convaincues à ce moment, ai je pensé, & tout d'un coup
incertaines. Jamais je n'ai vû des femmes
de cette espèce.

Je ne connoissois pas, leur ai-je dit,
d'autre raisons à ma femme pour refuser
de me souffrir sous le même toît, que
celles qu'elle avoit eues pour quitter la
maison de Madame Sinclair. Mais quand
elle feroit valoir cette objection, j'étois
resolu de ne pas m'y rendre ; parce qu'il
étoit à craindre pour moi, que le même
désordre d'esprit qui l'avoit amenée à
Hamstead ne me fit perdre absolument
ses traces.

Cette reponſe a paru les embarraſſer. Elles ſe ſont regardées en ſilence; mais j'ai lû dans leurs yeux qu'elles approuvoient ma crainte. Je leur ai dit, que je voulois être & l'hôte & le Convive de Madame Moore. L'heure du dîner approchoit. On ne m'a pas refuſé la ſeconde de ces deux faveurs.

LETTRE CCXIX.

M. Lovelace, à M. Belford.

IL étoit tems de tourner mon attention vers ma Charmante, qui avoit eu du loiſir de reſte, pour reflechir ſur les lettres que je lui avois laiſſées. J'ai prié Madame Moore de paſſer dans le cabinet, & de lui demander s'il lui plaiſoit de recevoir ma viſite, à l'occaſion des lettres; ou s'il lui plairoît davantage de m'accorder l'honneur de la voir dans la ſalle à manger. Madame Moore a prié Miſs Rawlings de l'accompagner. Elles ſont entrées enſemble, & l'on n'a pas fait difficulté de les recevoir.

Un moment de reflexion, je te prie, quoiqu'elle ne ſoit pas en ma faveur, ſur cette fecurité que donne l'innocence ; & qui tient néanmoins du ferpent autant que de la colombe. Ici, fans penfer à fe défendre contre tout ce que je pouvois dire dans fon abfence, & contente du feul témoignage de fon cœur, elle me laiffe la liberté de raconter ma propre hiftoire à des gens auffi étrangers pour elle que pour moi, que cette qualité même devoit lui faire croire difpofés à prendre parti pour le plus injurié ; c'eft à dire, en me fuppofant un peu d'adreffe, pour moi, & par conféquent contr'elle. Chere petite innocente ! de fe repofer fur la bonté de fon cœur : tandis que le cœur ne peut fe faire connoître que par les actions, & que les apparences ne prefentent dans elle, qu'une capricieufe, une fugitive, qui s'eft derobbée aux empreffemens du plus tendre & du plus indulgent de tous les maris ! Quelle folie en effet de fe rendre l'efclave de l'opinion particuliére, lorfque le monde entier eft gouverné par des apparences !

Mais au fond que peut on attendre d'un Ange de dix-huit ans ? C'eft un tréfor de connoiffances, mais de pure fpeculation, fans que l'expérience y ait la moindre part. Cette efpèce de lumières eft toujours vague, incertaine ; un feu follet , qui n'éclaire l'esprit que pour l'égarer.

Un Moralifte diroit qu'entre les chofes du monde il y en a mille qui cauferoient un plaifir inexprimable aux ames capables de reflexion , fi le mélange qui s'y trouve ne leur faifoit perdre la moitié de leur prix. Sans aller plus loin, j'ai vu des Parens , entre lefquels je te permets de mettre les miens , qui dans la junefle de leurs enfans , faifoient leurs délices des mêmes qualités qui devoient caufer un jour le malheur de leur vie. Pour ramener cette morale à mes vûes, ma Charmante a fans doute affez de prudence pour s'élever au-deffus de toutes les perfonnes de fon fexe ; mais je ne voudrois pas qu'elle en eût plus que moi.

Au fond , j'ai beau l'adorer ; c'eft ma vangeance , cette vangeance que j'ai jurée, qui tient le premier rang dans mon cœur. Mifs Howe prétend que mon amour reffemble à celui d'Herode. Sur ma foi , cette fille a deviné. J'ai prefque regret de t'avouer que je prens plaifir à faire le tyran fur ce que j'aime. Dis moi, fi tu veux , que ce plaifir n'eft pas d'un homme généreux. Des cœurs plus tendres que le mien le connoiffent. On a vu des femmes s'y livrer à l'égard d'une femme, lorsqu'elles en ont eu le pouvoir Pourquoi serois-tu surpris, qu'adorant ce sexe & mettant tous mes soins à l'étudier, l'infection ait gagné jusqu'à moi ?

Fin de la I. Part. du Tom. V.